Milorad Raïtchevitch
DU
CAIRE AU CAP
EDITIONS PIERRE ROGER

# DU CAIRE AU CAP

MILORAD RAÏTCHEVITCH

# DU CAIRE AU CAP

8 PLANCHES HORS TEXTE ET 1 CARTE

PARIS
ÉDITIONS PIERRE ROGER
54, RUE JACOB, 54

## Avant-propos

Issu d'une famille de fonctionnaires, je pris de
bonne heure en exécration les professions séden-
taires, et, profitant de toute occasion pour savou-
rer les plaisirs de la lecture de romans d'aventures,
je pris bientôt goût aux voyages, à ces formidables
déplacements qui portent un homme dans des
contrées que les autres ne connaîtront jamais et
qu'ils ne pourront se représenter, même en imagination, dans leur beauté sauvage et dans la
diversité de leurs aspects. Jules Verne, Fenimore
Cooper, Maine Reyd et tant d'autres, mais surtout
Jules Verne avec son Philéas Fogg, implantèrent
profondément en moi cette idée d'avoir mon « tour
du monde », le premier exécuté par un Serbe, et,
par conséquent, championnat tout au moins dans
mon pays. Et je ne voulais pas que ce fût un tour
du monde en vitesse, mais un tour du monde
complet, en tous sens et sur tous les continents.

Des circonstances favorables facilitèrent la réalisation de mon projet. Je fis la connaissance de M. Svetolik Savitch, directeur du journal *le Balkan*, que mes idées séduisirent. Nous fîmes un contrat, et je partis vers les périls et les aventures, vers cette liberté plus grande de l'homme qui dispose de l'espace.

Et je partis le 13 mars 1910. Évidemment, j'aurais pu partir un jour plus tard pour faire honneur à un préjugé européen, mais je savais que j'allais en voir bien d'autres en cours de route et je conclus que le mieux était de les mettre tous dans le même sac.

Je fis d'abord le tour de l'Europe, puis, par la Russie, je passai en Sibérie, au Japon, en Chine, aux Indes, en Perse, en Palestine.

Revenu à Belgrade, en 1912, je fus surpris par la guerre balkanique au moment où je me préparais à partir pour l'Amérique. Je passai une année au service de ma patrie et, dès la démobilisation, en 1913, je mis mon second projet à exécution. Cette fois-ci, je me rendis en Amérique par l'océan Pacifique, et, après le Canada et les États-Unis, je traversai Cuba, Panama, la Colombie, le Pérou, la Bolivie, l'Équateur, le Chili, l'Argentine, le Paraguay, l'Uruguay et le Brésil. Là, je

dus de nouveau interrompre mes pérégrinations.
La grande guerre venait d'éclater et je retournai
en Europe par l'Espagne.

Cependant, je n'abandonnai pas mes projets,
surtout au sujet du continent africain. La guerre
finie, dès que les circonstances me le permirent, et
ce fut en décembre 1922, je partis par Constantinople et Gaza pour l'Afrique orientale. Ce grand
voyage, qui me mena dans toutes les parties du
vaste continent noir et ardent, dura jusqu'au
6 juillet 1924, date à laquelle je me retrouvai à
Belgrade.

C'est ce voyage qui est relaté dans le présent
livre. Le lecteur se convaincra vite que je n'ai pas
l'imagination d'un romancier, car il n'y trouvera
aucun récit fantaisiste ; je lui présente l'Afrique
sous sa véritable couleur, qui n'est pas partout
aussi noire qu'on le dit et où l'on trouve beaucoup
de vert, et même de rose...

Et maintenant, vous me demanderez comment
je m'y suis pris pour me faire comprendre par
tant de nègres différents, comment je n'ai pas fini
par être cuit dans la marmite de quelque anthropophage ? J'ai eu peut-être un talent spécial à
détourner les idées de ces gens, mais je crois que

c'est surtout à mon habileté à ne dormir que d'un
œil que je dois la bonne santé dont je dispose et
qui pourrait bien me servir pour un nouveau raid
vers le pôle, si entre temps je ne m'étais pas
marié... Je dois ajouter aussi que les anthropophages ne sont plus aussi nombreux que dans le
temps jadis, et qu'il en est même qui se sont faits
grands seigneurs, diplomates, et même monarques.
Les civilisés leur ont appris qu'il y avait plusieurs
façons de manger les hommes et ils en ont
profité.

Sûrement, il y eut des heures difficiles, des
luttes désespérées, des moments de doute et de
cauchemar. Mais, toujours, devant moi je voyais
flotter un drapeau : celui de mon pays, celui de la
Serbie. Et alors, le sourire aux lèvres, je disais :
« En avant ! »

Et puis, j'avais la satisfaction de voir que même
parmi ces nègres perdus dans les forêts vierges et
s'égayant aux sons harmonieux de quelques bidons
de pétrole bâtonnés à tour de bras, mon pays
n'était pas inconnu. Mais, il est vrai, la première
question, le premier mot, c'était toujours : « Ver-
dun ! » Et pour les uns c'était « Verdioune », pour
les autres « Verdoun » ou « Verdeune », mais

c'était toujours la même chose qu'ils voulaient
dire. Ils savaient, dans les recoins les plus reculés,
ils en avaient entendu parler. « Est-il vrai qu'il y
avait deux mille canons ? » « Est-il vrai qu'il y
avait des fusils à cent balles ? » « Est-il vrai qu'il
y avait des automobiles avec des ailes et qui
volaient comme des aigles ? » Ah ! quels grands
enfants que ces anthropophages !

Dommage que leurs femmes soient hideuses à
un degré impossible et qu'elles soient condamnées
à répandre autour d'elles cette odeur âcre et ster-
nutatoire dont pas une n'est exempte ! Elles raffo-
lent des hommes blancs, elles s'étonnent que
ceux-ci les fuient. C'est avec toute la grâce à
laquelle elles peuvent atteindre qu'elles viennent
vous offrir un plat de serpent bouilli ou de crocodile rôti ; et leurs mains tremblent, leurs yeux se
voilent de larmes lorsque vous leur dites que vous
n'avez pas faim. Alors, les blancs sont tellement
imbus de leur supériorité qu'ils repoussent toutes
les avances des femmes d'une autre race, malgré
leur humilité, malgré les circonstances si favorables !

Et, en effet, tout serait à point ; leurs maris,
comme vous le verrez, ne sont guère con-

trariants : ils aiment tant les enfants, surtout si
ce pouvaient être des enfants blancs, qui inven-
teraient pour eux des fusils à mille balles et des
chemins de fer qui rouleraient sur les nuages ! Mais,
c'est le « k'smet », la destinée des nègres, qui ne
l'a pas voulu.

« Restez ici, n'allez pas plus loin, vous nous
apprendrez ce que vous savez et vous serez notre
roi ! » Voilà ce que l'anthropophage dit à l'homme
blanc. La civilisation ne l'effraye plus, il en a
reconnu l'utilité, il en est avide, mais il soupçonne
qu'on veut la lui cacher, l'en tenir à l'écart. Alors,
il faut user de ruse, parler avec l'homme blanc,
lui tirer la langue et aussi lui faire part des décou-
vertes nègres afin de le mettre en humeur de
dévoiler les siennes. Et ce sont de longues cau-
series où l'on finit toujours par apprendre quelque
chose :

— Est-ce que vos savants ont découvert l'endroit
où le soleil passe la nuit ?

— Ça, non ; ils ne le savent pas encore.

— Les nôtres le savent. Ils l'ont suivi longtemps,
très longtemps. Loin d'ici, à des distances que ni
le fusil ni le canon ne peuvent atteindre, il y a
une mare immense, immense… C'est là, dans l'eau,

que le soleil passe la nuit. On le voit s'y coucher
le soir, et le matin, dès que le jour commence à
poindre, il en sort et monte au ciel.

Et voilà. Les savants sont curieux dans tous les
pays; quand ils s'y mettent, il faut bien qu'ils
finissent par arracher ses secrets à la nature.

J'ajouterai que mes exploits me valurent
quelques distinctions particulièrement flatteuses.
Dans mon pays je fus reçu par le roi Pierre, le
régent Alexandre, le ministre-président, les som-
mités du monde politique et littéraire.

Dans mon album, j'ai des dédicaces des plus
flatteuses, comme les suivantes :

« Je souhaite au jeune explorateur Raïtchevitch
d'achever avec succès son voyage autour du
monde en s'efforçant d'apprendre le plus possible
parmi les peuples éloignés qu'il aura l'occasion de
voir.

« PIERRE. »

Belgrade, le 12-ix-1911.

et au-dessous : « Iankovitch, chef du cabinet de
Sa Majesté le roi de Serbie. »

Ou encore :

« Je suis heureux d'avoir vu M. Milorad Raïtchevitch, explorateur, et je lui souhaite bonne chance

dans ses voyages futurs qui l'enrichiront de savoir et d'expérience.

« Nicolas PACHITCH,
« *Président du Conseil des ministres.* »

Le 24-IX-1911.

D'autres signatures, et non des moindres, suivent, telles que celles de M. Mussolini, de M. Primo de Rivera, de Sa Sainteté le Pape, du cardinal Gasparri, de M. Pilsudski, de M. Massarick et de bien d'autres encore.

Ce sont des souvenirs assez rares auxquels je suis très sensible.

Et maintenant, je laisse mon livre au lecteur en lui souhaitant des heures agréables.

Milorad RAÏTCHEVITCH.

# CHAPITRE PREMIER

# De Belgrade à Jérusalem

J'avais déjà fait un voyage d'études, en 1910, en Sibérie, au Japon, en Chine, en Indochine, aux Indes, en Perse, en Asie Mineure. Mon but, maintenant, était de traverser l'Afrique du nord au sud et d'étudier à fond le continent noir. Cependant, je n'avais pas l'intention de prendre comme point de départ Le Caire ou Alexandrie. En effet, la race que je devais rencontrer le plus souvent en Egypte était la race arabe et je tenais à la voir chez elle, tout au moins dans une partie de sa vaste patrie, avant de la rencontrer dans les pays qu'elle a peuplés par immigration. C'est pourquoi je pris la résolution de partir de Jérusalem et de me rendre en Afrique par l'Arabie et le mont Sinaï.

Le premier arrêt que je fis fut à Sofia. La ville était couverte de neige et un froid de plusieurs degrés rendait les rues désertes. Je ne m'y arrêtai que pendant quelques heures et continuai mon voyage pour Constantinople.

La capitale turque n'était pas facilement accessible
à ce moment. Ce n'était pas à moins de quatre endroits
qu'on devait faire examiner son passeport pour pouvoir
enfin remettre ses bagages à un porteur et se rendre à
l'hôtel. Et, dès ce moment, on s'aperçoit que la cherté
de vie surpasse ici tout ce qu'on a pu apprendre à ce
sujet par les doléances des citadins des autres capitales
européennes. Pour le transport de mes bagages, de la
gare à l'hôtel d'en face, j'eus à débourser 5o francs.

L'ancienne capitale d'Abdul Hamid a maintenant
l'aspect d'une ville russe. A chaque pas, on rencontre
des officiers de l'armée du tsar en uniforme et les
femmes sans voile qu'on rencontre dans les rues —
et elles sont aussi nombreuses que les femmes turques
au visage voilé — parlent toutes le russe. C'est tout un
peuple d'émigrés qu'on voit ici, dans une ville où la
crise des logements sévit comme partout ailleurs, et
qui a fait l'expérience de toutes les horreurs de l'exil.
Nombreux sont les officiers, les femmes et les enfants
qui couchent ici dans les rues, qui errent toute la
journée sans savoir où s'arrêter ni où s'asseoir pour
se reposer.

Et, chose curieuse, tandis que Grecs et Arméniens
vendent à la hâte immeubles et mobiliers et se prépa-
rent à fuir, car ils craignent d'avoir à subir le contre-
coup d'une défaite des Grecs en guerre avec les Turcs,
seuls les Russes ne semblent pas pressés de se retirer

de cette ville qui sera bientôt envahie par les troupes
de l'ennemi séculaire. C'est une apathie complète qui
s'est emparée de ces gens et qui les rend indifférents
à tout ce qui pourrait leur arriver encore. Il semble
qu'ils ne puissent pas s'imaginer quelque chose de
pire que ce qui leur est arrivé déjà.

De tous temps, le mélange des races a donné une
teinte particulière à Constantinople. A présent, c'est
une bigarrure à fatiguer les yeux qui s'ajoute au pittoresque des multiples collines dont se compose la
ville et d'où s'élancent par centaines des minarets étin-
celants ou piteux.

J'eus une journée bien remplie sur le Bosphore et
lorsque, le lendemain matin, à la pointe du jour, je
me trouvai sur le bateau voguant vers Beyrouth et
Jaffa, j'eus comme un remords de ne pas être resté
plus longtemps dans la ville des sultans. Mais, je
devais m'en tenir à mon programme. C'est pourquoi,
parvenu à Jérusalem, je n'y fis, de même, qu'un court
arrêt pour prendre enfin le départ vers le continent
noir, dont la traversée était le but de mon entreprise.

## LA ROUTE DE L'ÉGYPTE. — HÉBRON, GAZA. — LE CANAL
## DE SUEZ ET PORT-SAÏD

*Alexandrie, le 28 février 1923.*

Comme ce n'est pas par hasard que je suis parti pour

l'Afrique tropicale par Sofia, Andrinople, Constantinople, Beyrouth, Jaffa, la Palestine, Jérusalem et le Jourdain, ce n'est de même pas par hasard que je suis parti de Bethléem pour l'Egypte par la voie de terre. C'eût été bien plus simple, et surtout bien plus commode et facile à tous les points de vue, de prendre le bateau à Jaffa et de se rendre en peu de temps à Alexandrie. C'eût été, en effet, un voyage agréable, mais bien peu intéressant. C'est ainsi que voyagent les gens affairés, pour qui le temps est précieux, car leur but est d'arriver le plus vite possible à un endroit déterminé et non pas d'étudier les contrées par lesquelles ils passent ; c'est ainsi que voyagent aussi les touristes de parade qui n'éprouvent que le besoin d'annoncer par des cartes postales leur présence dans les villes exotiques à leurs amis.

Mon cas, cependant, était tout autre. Depuis des années, je voyage dans le but bien déterminé d'étudier tous les continents et tous les peuples du monde, et c'est pourquoi, cette fois-ci aussi, j'ai choisi la route la plus difficile, mais incontestablement la plus fertile en enseignements.

De bon matin, profitant du départ d'une caravane qui prenait le chemin du sud, je me suis mis en route avec ces compagnons perchés sur leurs chameaux. Ce n'était pas la première fois que j'avais l'occasion de contempler le tableau pittoresque d'une caravane se mettant en route avant les premières lueurs de l'aurore, d'entendre les cris aigus des chefs arabes, de les voir tâter leurs poignards à la moindre riposte de leurs subordonnés. Mais, malgré tout, je ne pouvais me défendre d'une certaine émotion. C'était le départ pour un de ces grands voyages qui comptent, même dans la vie d'un explorateur : le voyage à travers le désert.

Il est vrai que nous en étions encore loin et que bien des péripéties nous attendaient avant de devoir l'affronter. Pour le moment, il fallait surtout compter avec les Bédouins et ce ne sont pas des gens faciles à manier.

Cependant, j'avais depuis longtemps remarqué qu'ils avaient certaines qualités de race qui, bien comprises, pouvaient faire d'eux d'excellents compagnons de voyage. Parmi ces qualités, il faut faire ressortir tout d'abord l'esprit de discipline et l'esprit de commandement. Savoir tenir son rang est avec eux une chose essentielle. Je n'y manquai pas et c'est ce qui m'a fait éviter bien des désagréments.

C'est au petit jour que nous quittâmes Bethléem. Je voyais ses petites maisons basses se perdre dans les premiers rayons du soleil levant lorsque, par hasard, je me retournais sur la route de Hébron.

Après une heure de marche, nous arrivâmes dans une vallée qui s'étend vers l'est et dont l'aspect très varié est agrémenté de trois petits lacs. Les Juifs ont donné à ces lacs le nom de « mares de Salomon » et comme on y trouve une fraîcheur des plus agréables, ils en font un lieu d'excursions très fréquenté. Ces lacs offrent cette particularité de se suivre en échelons et le plus grand d'entre eux a une longueur de plus de 100 mètres, une largeur de 70 mètres et une profondeur de 8 mètres.

Ce n'est qu'en examinant ces lacs de plus près qu'on voit qu'ils sont artificiels. D'après la tradition, c'est le roi Salomon qui les aurait fait construire pour pouvoir approvisionner Jérusalem en eau potable. Au-dessus du dernier lac se trouvent de très belles ruines des forts de Kalat-el-Bourak, construits au septième siècle pour protéger la route contre les brigands.

Non loin de là se trouve la vallée fertile du Berah qui est l'une des mieux irriguées en Palestine. La végétation exubérante y fait un contraste bizarre avec les collines nues et rocheuses qui l'entourent. C'est là que le roi de Judée Josafat remporta une grande victoire sur les tribus venues de l'est.

Notre caravane y fit une petite halte pour le déjeuner. J'étais déjà en termes d'excellente amitié avec le chef arabe qui, en cours de route, avait été pour moi un véritable *cicerone*.

— Il est beau, votre pays, lui dis-je quand nous fûmes assis à l'ombre d'un palmier d'où le regard s'étendait sur un magnifique paysage de cyprès et de cèdres éparpillés sur un terrain tapissé de gazon à travers lequel serpentait la route.

— Ce ne sera pas toujours comme cela. Attendez un peu, me répondit l'Arabe laconiquement.

Et il me raconta que ces parages avaient été l'enjeu de longues guerres entre les peuples les plus disparates du monde, depuis les Assyriens, les Babyloniens, les Juifs, les Egyptiens, les Grecs, les Perses, les Arabes, jusqu'aux Turcs, aux Tartares et aux chrétiens d'Europe. Pendant la grande guerre on y a vu apparaître, en guerriers, les Hindous comme soldats anglais.

Tous ces peuples ont laissé des traces de leur passage, mais les seuls vestiges visibles à présent en sont les ruines de leurs forteresses et de leurs citadelles qui font panache à la plupart des collines.

Nous nous remîmes en route et, en moins de trois heures, nous arrivâmes à Hébron. C'est la ville la plus élevée sur toute la rive droite du Jourdain et c'est aussi l'une des plus importantes, tant par la fertilité du pays dont elle est le centre que par son industrie. Le raisin et le vin de Hébron ont été de tous temps très réputés.

Hébron a, actuellement, environ vingt mille habitants, qui sont, pour la plupart, des musulmans. On y trouve très peu de juifs et de chrétiens. L'industrie principale est la céramique ; celle du cuir y est aussi très développée et les tapis en poil de chèvre et la soie qu'on y tisse sont très appréciés des Bédouins.

Pour les musulmans, Hébron est un lieu de pèlerinage très important. C'est là que se trouve le Haram, qui est une double caverne entourée d'un mur très élevé. Au-dessus des cavernes se trouve une mosquée avec des habitations pour les derviches et autres dignitaires religieux. Le mur est haut de plus de 12 mètres, et, de chaque côté, se trouvent des escaliers à seize marches. Ces escaliers conduisent dans la cour et le passage y est interdit aux chrétiens qui n'ont le droit de monter que jusqu'à la septième marche. C'est là que les juifs viennent prier Jéhovah, car pour eux aussi c'est un lieu saint, les bâtiments ayant été construits par Hérode.

La mosquée de Haram est en réalité une église construite par les croisés et que les Arabes ont ensuite transformée. On y voit encore les colonnes byzantines qui soutenaient les voûtes de l'église. Les murs sont recouverts de marbre portant des inscriptions arabes. Mais, la chose la plus curieuse, c'est que, par ses nombreux cénotaphes qui sont censés indiquer l'endroit où reposent, depuis tant de siècles, des héros de l'Histoire sainte, tels que Joseph, Isaac et Rebecca, Abraham et Sarah, le Haram est devenu un lieu saint, aussi bien pour les musulmans que pour les juifs et les chrétiens.

On peut voir d'autres curiosités encore à Hébron, et

non des moindres. C'est ainsi qu'au nord de la ville, en quittant la route de Jérusalem et en prenant celle qui passe à travers les vignobles et les vergers, on arrive, en une demi-heure, à l'Asile russe. Dans la cour de cet asile se trouve un chêne antique de dimensions énormes, que les juifs, de même que les chrétiens et les musulmans, considèrent comme l'arbre d'Adam. Le tronc de ce chêne a un diamètre de plus de 10 mètres. On a dû l'entourer d'un mur pour soutenir ses lourdes branches.

À l'arrière de cet Asile russe, du haut du toit de la haute et très ancienne tour, on a une vue magnifique sur la Palestine, la plus belle peut-être qu'on puisse imaginer. Et c'est le seul endroit de la région d'où le regard puisse se porter de la mer Morte à la mer Méditerranée.

De Hébron, la route descend en pente douce et prend à peu près la direction du sud-ouest. Nous avons eu à passer, jusqu'à la prochaine ville, par plusieurs villages situés parmi des champs très fertiles et où l'on trouve toujours d'excellentes sources. Après sept heures de marche, nous arrivâmes à Beer-Cheba, chef-lieu de département.

Cette localité, jadis si souvent ravagée par les Bédouins, est considérée comme le point extrême de la Palestine juive. C'est là que le roi David soutint le combat avec les Araméens et les battit.

En 1901, la ville fut restaurée et le gouvernement turc en fit un chef-lieu de département. Pendant la grande guerre, ce fut un centre militaire et une base d'opérations de grande importance. On y compte actuellement une population d'environ trois mille habitants, pour la plupart des musulmans arabes.

Après six heures de marche, la caravane arriva à Gaza, la plus grande ville de cette contrée, sise à la pointe extrême de la Palestine officielle. C'est une ville très ancienne, l'une des premières que mentionne la Bible. On peut encore voir les ruines de la ville antique, quoiqu'elles soient couvertes de sable en majeure partie.

Gaza a, actuellement, vingt mille habitants. Au temps des Turcs, elle fut très souvent attaquée et pillée par les brigands du désert et c'est pourquoi elle était toujours en état de déchéance. Dès l'arrivée des Anglais en Palestine, elle commença à se relever rapidement et représente aujourd'hui un très important nœud de communications. C'est par elle que passent tous les transports entre la Palestine et l'Egypte. Les Anglais ont immédiatement fait construire une ligne de chemin de fer allant du canal de Suez en Palestine et qui passe ici, ce qui a beaucoup contribué à la prospérité de la ville.

La tradition chrétienne veut que la sainte Vierge, dans sa fuite en Egypte pour préserver le petit Jésus du massacre des enfants qu'Hérode avait ordonné, se soit arrêtée à Gaza. C'est pourquoi son église avait été pendant longtemps célèbre dans le monde chrétien, mais après l'invasion des Turcs, elle fut transformée en mosquée. Celle-ci fut elle-même détruite par le bombardement des Anglais pendant la grande guerre.

Le voyage de Gaza au canal de Suez est plus commode parce qu'on dispose du chemin de fer. La ligne longe, sur tout le trajet, la mer Méditerranée. Les gares sont très espacées et presque désertes.

Le public des trains est très bigarré. Ce sont les Bédouins aux visages hâlés, les fellahs en longues tuniques blanches, à l'air débonnaire, les soldats anglais en kaki, calmes et sérieux.

En général, les Européens sont rares et préfèrent le bateau pour passer de Palestine en Egypte. Je me trouvais là simplement parce que je voulais passer le désert à pied, et c'est pourquoi je quittai le train à El-Arich.

Le désert! Nous y parvînmes enfin, à une époque où la traversée est moins ardue qu'en plein été. L'impression que laissent ces immenses étendues de sable aride où l'on ne reconnaît aucune trace de passage d'êtres vivants, où aucun arbre, ni même la configuration du terrain que le vent modifie sans cesse, ne permettent de s'orienter, est assez bizarre et inspire, au début, une certaine angoisse du lendemain. Cependant, ici,

sur la presqu'île du Sinaï, par suite de la proximité
de la mer Méditerranée que l'on distingue du haut de
chaque colline de sable, cette impression ne peut être
comparable par son intensité à celle qui saisit le voyageur au Sahara ou en Nubie.

Quoique nous n'ayons pas été accablés par des chaleurs torrides, nous eûmes à lutter avec un autre
ennemi redoutable : le vent. Comme toujours, au
désert, sa direction variait fort souvent. Lorsqu'il souf-
flait de la mer, il nous apportait une agréable fraîcheur
dont nous profitions pour faire du chemin. Mais si,
par contre, il venait du grand continent désert
d'Arabie, il opposait les plus grandes entraves à notre
avance. Nous souffrions principalement du sable
qui nous aveuglait.

Les Arabes, mes compagnons de voyage, qui y
étaient habitués, s'étonnaient de mes souffrances. J'eus
alors l'occasion de me convaincre de l'endurance peu
ordinaire de ces gens. Dans cette chaleur accablante,
je souffrais constamment de la soif, mais, grâce aux
provisions d'eau potable que nous avions avec nous, je
pouvais boire souvent et suffisamment. Cependant,
cette eau étant chaude et imprégnée de l'odeur des
outres dans lesquelles on la portait, j'étais loin de me
sentir désaltéré. Les Arabes, par contre, ne buvaient
de l'eau qu'une ou deux fois par jour, quoiqu'ils
eussent à supporter beaucoup plus de fatigue que moi.

Ils ressemblaient en cela à leurs chameaux, ces braves bêtes qui, tout le long du désert, n'ont besoin de rien et qui sont pour les gens de ces contrées un véritable présent du ciel.

Malgré l'amabilité du chef de la caravane et le dévouement de ses gens, un événement des plus désagréables m'attendait juste à proximité du mont Sinaï. Nous fîmes halte à cet endroit dans une espèce d'oasis composée de quelques palmiers chétifs, suffisants cependant pour qu'on puisse trouver un peu de repos à leur ombre. Après une légère collation, je m'étais assoupi pendant quelques instants, lorsque, tout à coup, un tumulte me tira de la torpeur qui s'était emparée de moi. Je sautai de mon hamac et vis alors les chameliers dans une situation assez bizarre : ils levaient tous les mains en l'air, tandis que d'autres Arabes, armés de fusils, s'avançaient vers eux en criant.

Il n'y avait pas de doute : nous étions attaqués par une bande de brigands. J'en eus bientôt la certitude, car le chef lui-même, après avoir tenté d'exhorter ses gens, fut mis en joue par l'un des agresseurs et dut se soumettre au sort commun en levant les mains comme les autres.

Bientôt, ce fut mon tour, mais, presque aussitôt, d'autres Arabes, vêtus de longs burnous et qui paraissaient être les chefs des premiers, se présentèrent et se mirent à parlementer avec le chef de la caravane. Ils nous permirent, après quelques instants, d'abaisser les mains à condition que nous restions en place. Ceci accepté, et tandis que des gardiens prêts à tirer sur nous à la moindre alerte nous entouraient, tous les autres se mirent en devoir de visiter nos bagages.

Ce fut un pillage en règle. Ils ne poussèrent pas la cruauté jusqu'à nous enlever tout, mais ce qui nous resta n'était même pas le strict nécessaire.

Je fis contre mauvaise fortune bon cœur et, lorsque le chef, désolé et ayant à déplorer l'enlèvement de plusieurs chameaux, vint auprès de moi dans l'intention de me consoler, je m'abstins de toute remontrance.

Je ne saurais assurer que ce brave homme ait été de connivence avec les brigands, cependant j'entendis par la suite tant d'histoires de ce genre que je ne pus jamais me défendre d'un sentiment de suspicion à son égard.

Cependant, nous poursuivîmes notre route sans autre incident, et, en trois jours de marche, nous arrivâmes à Kantara, ville qui se trouve au nord du canal de Suez. C'est la ville frontière entre l'Egypte et la Palestine, et l'administration étant anglaise dans les deux pays, les formalités d'entrée sont très sévères, principalement les formalités sanitaires. C'est ce qui me valut de nouveaux désagréments.

Ayant passé des journées dans les rafales de sable du désert et ayant très peu dormi en cours de route, j'avais les yeux rouges et enflés. On ne manqua pas de me suspecter d'être atteint du trachome, maladie très répandue dans le pays et dont souffrent 90 p. 100 des habitants. Il fut question de me mettre en quarantaine et ce n'est qu'à grand'peine que je parvins à persuader les médecins que ce n'était là qu'un effet des morsures du sable. Malgré tout, je fus muni d'un passeport jaune que je devais montrer au médecin dans chaque ville où je séjournerais plus de vingt-quatre heures.

Dès que ces formalités furent terminées, je quittai Kantara et me rendis, par chemin de fer, à Port-Saïd.

C'est une ville qui ne doit son existence qu'au canal de Suez. D'un petit village qui ne comptait que quelques maisons il y a cinquante ans, c'est devenu à présent une ville de cent mille habitants qui se développe constamment.

A mon arrivée à l'hôtel, j'eus l'agréable surprise de rencontrer, dans le grand escalier, une très belle femme, une Egyptienne, qui fit une très grande impression sur moi par son attitude pleine de dignité qui donnait un éclat tout particulier à sa beauté orientale. C'était, de toute évidence, une femme appartenant aux hautes classes sociales et je sentis immédia-

tement le désir de faire plus ample connaissance avec
elle afin de me renseigner sur les mœurs des femmes
égyptiennes. Elle n'avait pas le visage entièrement couvert comme les femmes turques, mais seulement la
partie inférieure, jusqu'au nez, les yeux et le front
restant découverts.

J'appris de suite, par la femme de chambre, qu'elle
était la fille d'un riche commerçant égyptien et qu'elle
attendait son père à Port-Saïd. Elle occupait une
chambre au même étage où je fus logé.

Je descendis au restaurant qui était bondé de con-
vives; et, me trouvant en la société de plusieurs Grecs,
j'appris par eux qu'ils étaient fort nombreux à Port-
Saïd. Leur colonie compte environ vingt mille membres très bien organisés, ayant leurs écoles et leurs
églises, et même leur métropolite. Une grande partie
du commerce local se trouve entre leurs mains et nombreux sont ceux d'entre eux qui possèdent de très
grands magasins.

Le lendemain, je descendis de bonne heure au salon
qui était vide. Seule, la dame égyptienne s'y trouvait
et je la saluai en passant. Elle répondit à mon salut
en souriant et je ne tardai pas à faire connaissance
avec elle. Dans la solitude où elle se trouvait depuis
plus d'une semaine qu'elle était de passage à Port-Saïd,
ma société lui agréa immédiatement.

Elle parlait parfaitement le français, ce qui ne

m'étonna nullement, car je savais que les musulmans égyptiens préfèrent le français à l'anglais. Elevées rigoureusement dans les harems de leurs pères, les jeunes filles musulmanes apprennent les langues étrangères, la musique, la littérature ; elles lisent les romans modernes et elles ont toutes la nostalgie de la vie libre des femmes occidentales.

Elles savent qu'il y a des parties du monde où les femmes ne cachent pas leur visage, où elles peuvent aller librement en compagnie d'hommes, se montrer au théâtre ou au bal, et leur rêve serait de se transporter dans une société pareille.

C'était aussi le cas de la dame dont j'avais fait connaissance, quoique à ce moment elle se trouvât dans une situation exceptionnelle. Elle était, comme on m'avait dit, la fille d'un riche commerçant musulman, mais elle était mariée à un haut fonctionnaire égyptien et elle devait se rendre à Alexandrie le lendemain, à la rencontre de son mari, pour aller ensuite avec lui au Caire.

Je saisis l'occasion au vol pour faire le voyage avec elle et nous convînmes, avant de nous séparer, de nous retrouver le lendemain sur le bateau d'Alexandrie.

Je passai le reste de la journée en compagnie de compatriotes qui sont ici au nombre d'environ deux cents. La plupart ont des emplois à la Société d'exploitation du canal de Suez et quelques-uns y occupent des postes élevés. Ils ont organisé une salle de lecture yougoslave dont le président est M. Vassili Barbitch, caissier principal de la grande firme anglaise Worms et Cⁱᵉ. M. Barbitch est un de nos intellectuels les plus sympathiques en Egypte et jouit d'une haute estime parmi nos compatriotes. Pendant la guerre, quoique natif des contrées yougoslaves soumises alors à l'Autriche, et, par suite, ressortissant autrichien, il fit beaucoup pour la Croix-Rouge et les évacués serbes. Il fut aussi très actif dans le recrutement des volontaires pour notre armée.

M. Barbitch a quatre enfants qu'il a élevés dans l'esprit serbe. Sa femme, l'aimable Mme Barbitch, est d'origine croate. Dès qu'ils surent qu'un Serbe de Belgrade se trouvait à Port-Saïd, ils m'invitèrent à déjeuner et me reçurent de la façon la plus charmante.

Le lendemain matin, je me rendis au port où je retrouvai Mme Otar de Halidé, ma connaissance de l'hôtel de Port-Saïd. Nous nous embarquâmes sur le grand bateau luxueux qui fait le service de Port-Saïd à Alexandrie et elle m'apprit immédiatement que son mari serait retenu pendant une vingtaine de jours encore par ses affaires et qu'elle ne le trouverait pas à Alexandrie.

Elle portait le costume musulman et se retira de suite dans sa cabine dont elle ne sortit pas durant tout le voyage. Je restai sur le pont dans l'espoir de voir quel-

que chose d'intéressant, le navire devant longer la
côte, mais ce fut toujours la plaine désertique et monotone que troubla enfin la vue du grand phare
d'Alexandrie.

Le port où nous accostâmes est l'un des plus grands
dans la mer Méditerranée. Alexandrie est la fenêtre
par laquelle l'Egypte voit le reste du monde. Quoique
Port-Saïd soit en Egypte, il en est encore effectivement
séparé par le lac Menzaleh et aucune bonne voie de
communication ne les relie ensemble. De toutes autres
parts, l'Egypte est entourée par le désert et ce n'est
que là, à l'aboutissement de la grande voie commerciale que représente le Nil, que l'Egypte dispose d'un
endroit favorable aux échanges internationaux.

La ville a un aspect tout moderne. Les rues sont
droites et larges et convergent vers des places spacieuses qui forment chacune comme le centre d'un
quartier. Le centre de la ville se trouve à la place de
Mahmed-Ali, à proximité du vieux port. Cette place,
très large, est plantée d'arbres touffus dont l'ombre
attire la population. Au milieu se trouve la statue
équestre du patriote égyptien dont elle porte le nom
et qui fut le fondateur de l'Etat égyptien moderne et
de la dynastie royale actuelle.

Alexandrie est une ville très fréquentée par les touristes. Pendant les mois de novembre à mars, elle est
le rendez-vous des Européens venant visiter l'Egypte

et surtout de ceux que leur état de santé contraint de rechercher les pays chauds pendant l'hiver.

Cependant, dès le commencement de l'été, la ville se remplit d'Egyptiens des contrées arides qui, à leur tour, viennent y chercher un peu de fraîcheur au bord de la mer. Le roi, le gouvernement et le corps diplomatique donnent le signal de cet exode et, pendant les six mois estivaux, Alexandrie devient la véritable capitale de l'Egypte.

La plupart des magasins importants et des entreprises commerciales sont aux mains d'Italiens et de Grecs. Ces derniers sont surtout très nombreux et très bien organisés. Le consul grec à Alexandrie a même l'autorité judiciaire dans la colonie et rend les jugements selon les lois grecques. Ils ont de même leur patriarcat à la tête duquel se trouve actuellement le patriarche Photios, auquel on a donné le surnom de Constantinos pour son profond dévouement au roi Constantin et à l'ancien régime grec, hostile à M. Vénizélos. C'est ce qui fait que la colonie est divisée en deux partis : les constantiniens et les vénizélistes, qui ont chacun leurs clubs séparés.

Après ces premières impressions et quelques connaissances que je fis à déjeuner à l'hôtel, je me fis un devoir, dans l'après-midi, de rendre visite à Mme Otar de Halidé.

Je me rendis dans la demeure de cette dame avec

une curiosité toute naturelle. En effet, c'était la première fois que l'occasion s'offrait à moi de pénétrer
en ami dans une maison de musulmans égyptiens, et,
du moins je l'espérais, de me rendre compte sur place
de leur façon de vivre. Quelle bonne aubaine, pour un
Européen, de circuler, par exemple, dans un harem,
même si le maître de maison a renoncé à la polygamie!

Mme Otar de Halidé comprit ma curiosité et je n'eus
besoin d'aucune allusion, même lointaine, pour qu'elle
me fît les honneurs de sa maison en véritable Européenne.

Je fus déçu dans une grande mesure. La maison du
haut fonctionnaire égyptien est une demeure des plus
modernes où, seules, les collections et les panoplies rappellent les temps révolus des eunuques et des gardes
à yatagan. Et Mme de Halidé m'expliqua qu'il en est
ainsi dans presque toutes les familles distinguées en
Egypte. La polygamie a disparu presque complètement ; c'est la cherté de la vie qui y a mis fin.

Je fus satisfait de mon séjour à Alexandrie que je
dus abréger cependant, afin de pouvoir rester plus
longtemps dans la capitale égyptienne, au Caire,
où m'attendaient les excursions aux pyramides, aux
tombeaux des khalifes, et où je devais me livrer à une
étude sérieuse de l'Egypte ancienne et moderne.

Le Caire, au premier abord, fait l'effet d'une belle
capitale aménagée tout à fait à l'européenne. On se

croirait à Paris, à Londres. Mais, en vérité, il y a là
deux villes, l'ancienne et la moderne, et je dois le
reconnaître, c'est celle qui, avec ses rues sinueuses et
ses maisons à fenêtres grillagées, représente l'Orient
qui est de beaucoup la plus intéressante.

# CHAPITRE II

# Le Caire et ses environs

A certains endroits, dans le vieux Caire, les rues sont tellement étroites que c'est à peine si deux hommes peuvent passer l'un à côté de l'autre. Cela provient de ce que les maisons ne sont pas alignées sur le même plan. Les encorbellements mêmes sont parfois tellement prononcés qu'ils touchent presque à ceux des maisons d'en face.

Dans le passé, les différentes sectes arabes ou les familles nobles se reconnaissaient à la couleur de leurs turbans ; actuellement, cette différenciation a disparu et n'existe que dans les ordres religieux. C'est ainsi que les descendants du Prophète, qui sont très considérés quoiqu'ils soient très nombreux, se reconnaissent à leur turban blanc. Jadis, ils portaient le turban vert qui est aujourd'hui celui des pèlerins de la Mecque. Les différents ordres de derviches portent des turbans de diverses couleurs, tandis que ceux des ulé-

mas, ou savants religieux, sont de couleurs très
vives et à plis parfaitement réguliers.

Je dois faire remarquer ici que le turban véritable,
conforme aux prescriptions religieuses, devrait avoir
sept fois la hauteur de la tête, c'est-à-dire qu'il devrait
égaler celle du corps humain. En effet, les musulmans
portent le turban afin qu'il leur rappelle la mort
chaque jour et en principe il est destiné à leur servir
de linceul. Il est naturel que personne ne songe à
porter de ces turbans réglementaires, surtout à présent
que de nombreux Arabes s'habillent à l'européenne.

Les femmes arabes portent une espèce de blouse
très décolletée ; elles s'enveloppent la tête d'un fichu.
Elles aiment à se parer et s'ornent de nombreux bijoux,
principalement des boucles d'oreilles, des bracelets,
des anneaux en argent ou en cuivre qu'elles portent
même aux jambes. Les femmes du Soudan en ont
jusque dans le nez et je me suis toujours demandé
comment elles pouvaient supporter un pareil fardeau.

Les femmes arabes des classes aisées se voient peu
dans les rues et ne sortent jamais dans les costumes
riches qu'elles portent chez elles. Elles mettent un
manteau de soie à manches très larges ; par-dessus ce
manteau vient le « bourcou », sorte de ruban en mous-
seline qui recouvre le visage et qui pend jusqu'aux
pieds. Les Juives, les Coptes, les Syriennes, quoique
musulmanes, ne se recouvrent pas le visage et il en

est de même des femmes arabes des classes inférieures.
Les dames de la haute société, qui sortent à l'ordinaire
en voiture accompagnées d'un eunuque, ont l'habitude
de se couvrir le visage d'un voile léger jusque sous
les yeux, selon la coutume de Constantinople.

Dans les rues, le tumulte est infernal. Nulle part
au monde on ne voit quelque chose de pareil. L'Arabe
ne sait pas se taire : quoi qu'il fasse, il faut qu'il crie.
Les cochers, les porteurs d'eau, les colporteurs de toute
sorte, les mendiants, ne tarissent pas.

Les porteurs d'eau, avec leurs outres pleines sur le
dos ou sur leurs ânes, sont une véritable énigme, la
ville étant non seulement parfaitement approvisionnée
en eau, mais encore de nombreuses fontaines publiques
existant de toutes parts pour que les passants puissent
se désaltérer.

Les rues du vieux Caire sont très pittoresques dans
leur bariolage oriental. Les « hémals », une secte de
derviches, vendent de l'eau sucrée à la fleur d'oranger.
D'autres vendent des poissons, des légumes ou des
fruits, — dans un état peu tentant pour un Européen,
— et tous, tant qu'ils sont, crient à tue-tête, courent,
gesticulent, s'ingénient de toutes façons pour attirer
le client. Aux coins des rues, on voit des vieillards
accroupis, ordinairement des derviches, qui appellent
les passants pour leur dire la bonne aventure en lisant
dans les lignes de la main ou en battant les cartes, ou

encore en laissant tomber des grains dans des bocaux.

Les magasins sont bizarres et toujours grands ouverts sur la rue. Ce sont les boutiques des barbiers qui attirent le plus l'attention. Les barbiers arabes, du reste très experts dans leur métier, installent leur client au milieu de leur boutique sur une chaise rempaillée et se mettent en devoir de le raser tout en le divertissant par leurs racontars, en quoi ils excellent mieux encore que leurs confrères européens. Il n'y a dans la boutique ni glaces ni mobilier spécial. Les clients arabes ne sont du reste pas curieux de suivre les transformations opérées sur leur face par le rasoir, quoique la mode ne soit pas de se faire raser uniquement la barbe, mais aussi toute la tête.

A l'éternel brouhaha de la rue, vient s'ajouter, plusieurs fois par jour, du haut des minarets, l'appel plaintif des muezzins qui invitent les croyants à la prière. « Allah akbar ! » entend-on résonner de toutes parts, tandis que, graves, recueillis, les musulmans s'éloignent pour s'agenouiller sur leurs tapis et supplier le Prophète de les protéger.

Lorsque, le soir, on ferme les boutiques, les concierges sortent des lits de camp, ou simplement des nattes, devant la porte et dorment là. Il est vrai que le tumulte, si insupportable pendant la journée, cesse dès la tombée de la nuit, alors que le mouvement ne fait que commencer à ce moment dans le quartier européen. Cependant, aux jours du Ramazan, les quartiers arabes sont de même très animés. La religion exigeant qu'on ne dorme pas, la nuit, pendant le Ramazan, les Arabes passent leurs nuits dans les cafés à regarder danser des femmes, aux sons monotones des instruments orientaux.

On cherche à s'amuser de toutes façons, comme nous le faisons à l'époque du carnaval. L'une des distractions en vogue sont les ombres chinoises.

Pendant ce temps, les femmes s'assemblent chez leurs amies, au harem, et se livrent aux divertissements les plus variés, en pleine liberté, l'accès des harems étant interdit aux hommes pendant le Ramazan. On dit que les femmes arabes adorent ces nuits de liberté complète et qu'elles excellent dans la représentation de scènes de la vie conjugale, qui deviennent d'autant plus piquantes que la nuit s'avance et que le tabac d'Orient et les liqueurs produisent leurs effets. Au matin, cependant, toutes ces belles enfants du Prophète vont faire leur prière et se coucher, car, durant toute la journée, il leur est interdit de manger ou de boire quoi que ce soit. Et cela dure pendant tout un mois.

Les environs du Caire sont très intéressants et je n'ai pas manqué de les visiter. Dès le début, je me suis décidé à consacrer une grande partie de mon temps aux excursions. Ce sont principalement les tombeaux des khalifes et Gizeh qui attirèrent mon attention.

Les tombeaux des khalifes se trouvent sur une vaste plaine à l'est de la ville. Lorsque, avec quelques touristes, j'arrivai sur une colline d'où le regard pouvait embrasser toute cette petite ville de mosquées hérissée de minarets, je fus émerveillé par ce magnifique groupement d'art musulman au pays des Pharaons. Les croissants dorés luisaient par centaines aux rayons du soleil, les bâtiments à hautes coupoles rivalisaient d'éclat comme dans un triomphe sur les splendeurs de l'ancienne Egypte enfouies dans la terre, mais nul bruit, pas même le chant des muezzins, ne parvenait jusqu'à nous. C'est la cité des morts, des morts illustres du monde arabe, des princes du moyen âge. Quels sont-ils au juste ? L'histoire ne nous en dit rien de précis, mais la tradition veut que ce soient les princes de la famille des Abbassides.

Chaque khalife s'est fait construire lui-même, de son vivant, la mosquée sous laquelle il reposera et pendant de longues années il a eu ce plaisir, cher aux musulmans, de pouvoir contempler sa demeure dernière. A présent que leurs descendants sont disparus ou ont sombré dans l'immense foule des inconnus, ce sont les vieillards pieux qui s'assemblent aux jours de fête devant ces mausolées princiers, vestiges d'une gloire depuis longtemps oubliée.

A l'entrée même de cette immense nécropole, on

voit plusieurs mosquées alignées des deux côtés de la rue principale et dont les fondateurs sont les beys et les sultans arabes du quatorzième et du quinzième siècle. Plus loin, on en voit d'autres d'aspect monumental avec des cours à colonnades et avec toutes les dépendances qui accompagnent d'ordinaire les temples musulmans.

Nous avons visité en détail la mosquée du sultan Barkouk, attenante à un monastère. C'est là un monument d'art arabe à voûtes et colonnes magnifiques. Jadis, elle était munie de deux minarets, mais elle fut endommagée par le temps et lorsqu'elle fut restaurée, en 1900, un seul minaret fut maintenu.

La mosquée est reliée aux mausolées des sultans Soléman et Cheriff ed Dinn avec lesquels elle forme une unité architecturale. Toutes ces constructions étant disposées en carré, la cour, très spacieuse, qu'elles enserrent en l'entourant d'arcades à colonnes stylisées, est du plus bel effet dans sa magnificence orientale. Une fontaine sculptée avec un art minutieux se trouve au centre, mais malheureusement ses nombreux jets sont toujours à sec dans ce pays.

La mosquée même fut construite en 1400 par le célèbre architecte arabe Cherkiz-el-Karabunli. Le monastère et les mausolées qui entourent la cour furent édifiés un peu plus tard par le même architecte, qui était le favori du fils du sultan.

Le mausolée de Kaït bey, construit en 1463 et restauré en 1898, rivalise de splendeur avec ce groupe de bâtiments. De proportions moins vastes, ce mausolée se distingue par ses détails architecturaux et son minaret haut de 40 mètres.

Je restai longtemps en contemplation devant cette nécropole monumentale, puis, tournant le dos au Caire, je montai sur une colline à l'est de la ville d'où l'on avait une vue splendide sur le désert, ce même désert que j'avais déjà traversé et qui s'étend de même de ce côté-ci de la mer Rouge jusqu'au Caire. Mais, ici, naturellement, le désert fait une tout autre impression, point farouche, et lorsque avec mon guide je m'acheminai à travers le sable vers le mont Mokatam, célèbre par le panorama splendide dont on jouit du haut de son sommet, je n'eus à supporter que le fardeau de la chaleur, — assez lourd, cependant, lorsqu'il s'agit de grimper sur une colline privée de toute végétation.

Le panorama, en effet, méritait cette pénible ascension. Devant nous, au premier plan, c'était là vieille citadelle à hautes murailles, jadis si menaçantes, et impressionnantes encore maintenant, du sein desquelles s'élevait la belle mosquée de Mehmed Ali ; à gauche, les tombeaux des mameluks avec leurs coupoles et leurs minarets; à droite, les tombeaux des khalifes. Derrière la citadelle s'étendait Le Caire dans toute sa splendeur, avec ses toits plats en terrasses, ses innombrables mosquées, ses parcs et ses édifices publics luxueux. Les quartiers neufs, avec le parc immense d'Esbekieh, terminaient cette magnifique agglomération urbaine derrière laquelle le Nil éternel s'étendait majestueusement, portant sur ses flots une multitude de yachts et de bateaux à voiles.

Ce spectacle devint quelque chose de vraiment unique lorsque le soleil commença à descendre dans les brumes du couchant. Toute l'atmosphère devint rose, l'air se mit à trembloter sur la ville gigantesque et dans le lointain apparurent les pyramides, jusque-là invisibles, comme des fantômes dont les traits s'accusaient de plus en plus à mesure que le jour perdait de son éclat.

Je pris immédiatement la résolution d'aller voir les pyramides et, dès le lendemain, de bonne heure, je m'y rendis en automobile avec quelques autres touristes. Nous passâmes le fleuve par le pont Kasser-En-Nil et en peu de temps nous nous trouvâmes à Gizeh.

Les pyramides de Gizeh forment l'un des six groupes de pyramides qui se trouvent tous aux extrêmes confins orientaux du désert de Libye. Etant le plus proche du Caire, ce groupe est le mieux connu des touristes européens.

Rien ne saurait faire une impression aussi bizarre sur les gens de notre continent, habitués à ne voir que des édifices dont ils devinent la destination au premier coup d'œil, que la vue des pyramides. Ces immenses constructions triangulaires, dépourvues de tout ornement, ne vous disent rien et le sphinx mystérieux qui en monte la garde paraîtrait parfaitement superflu si sa présence ne devait rappeler qu'on se trouve devant une énigme.

. La seule chose qui apparaisse clairement dès le premier abord, c'est que ces constructions représentent une somme prodigieuse de labeur humain et d'ingéniosité technique. On a calculé qu'il a fallu pour la construction de la pyramide de Chéops, environ 3 millions de mètres cubes de pierre, dont le transport exigerait actuellement six cent mille wagons. En outre, cette immense quantité de matériel a été amenée d'une grande distance de l'autre côté du Nil, ce qui représenterait un problème compliqué même pour nos ingénieurs modernes.

Hérodote, qui voyagea en Egypte 45o ans avant Jésus-Christ, nous apprend que cent mille hommes furent employés chaque année pendant trois mois pour la construction de la pyramide de Chéops. C'était pendant les trois mois de la crue du Nil, alors que les paysans ne pouvaient pas travailler aux champs. Par contre, les tailleurs de pierre, qui se comptaient aussi par milliers, devaient travailler pendant toute l'année dans les carrières de pierre.

Pour le transport de la pierre, on fit d'abord construire une bonne route des bords du Nil jusqu'à pied d'œuvre dans les montagnes libyennes. Cette route était large de 20 mètres et par endroits pavée en pierres de taille. On en trouve encore actuellement des vestiges qui, à certains endroits, laissent apparaître même des mosaïques.

Les travaux de construction durèrent une dizaine d'années, chaque pierre pesant en moyenne 2 tonnes. Ce n'est qu'après l'achèvement de la base au sommet qu'on leur appliquait un revêtement en granit poli.

Hérodote mentionne ensuite : « On a inscrit sur cette pyramide la valeur des radis, de l'oignon et de l'ail qui furent distribués aux ouvriers. L'interprète a lu 1 600 talents. Si c'est exact, on se demande ce qu'a dû coûter le fer, de même que les autres aliments consommés par les ouvriers. »

Lorsque nous nous trouvâmes au pied de la pyramide de Chéops, nous nous demandâmes comment il nous serait possible de monter au sommet, aucune trace d'escaliers ou d'aménagement quelconque n'étant visible nulle part. Cela nous eût été parfaitement impossible si le revêtement en pierre polie n'avait disparu.

Le moyen qu'on emploie pour hisser les touristes au sommet est assez original. Ce sont deux Bédouins qui vous prennent par les mains et qui vous traînent. Je

fus étonné de l'adresse et de l'agilité de ces gens qui
grimpent comme des chats sur une hauteur de
150 mètres en un quart d'heure, malgré le fardeau
dont ils sont encombrés.

Le sommet de la pyramide ayant été détérioré par le
temps, nous nous trouvâmes sur une plate-forme assez
spacieuse. La vue qui s'offrit à nos yeux était vraiment
magnifique et valait la peine de cette montée fatigante.

Nulle part au monde, la vie et la mort, la fertilité
luxuriante et l'aridité désertique ne font un contraste
aussi frappant qu'ici. A l'ouest, au sud et au nord-
ouest s'étendent des superficies sablonneuses de proportions océaniques. Tout ce qu'on voit de ce côté est
l'œuvre de l'homme et tout paraît gigantesque et
éternel. D'autres pyramides s'élèvent dans le lointain
et le sphinx apparaît en avant-garde devant cet
immense cimetière, car l'espace entre les pyramides
est sillonné de larges chaussées bordées de tombeaux.
Loin, au sud, on voit les groupes de pyramides
d'Aboussir, de Sakari et de Dahchourou; au nord, les
palmiers du Kerdazé, puis le plateau désertique. Tout
à fait à l'horizon, de nouvelles pyramides : celles
d'Abourzach.

A l'est, par contre, ruisselle le Nil et les plaines qu'il
arrose émerveillent par l'exubérance de leur végétation. Des palmiers à feuilles touffues sont disséminés
de toutes parts et d'innombrables canaux traversent

toutes ces plaines qu'ils fertilisent. La route, blanche
à travers le sable gris, est visible jusqu'au Caire
même. La citadelle avec ses élégants minarets couvre
le plateau au premier plan. Au loin, la montagne
Mokatam se distingue à peine par sa couleur grise des
sables du désert.

Lorsque nous nous fûmes suffisamment reposés,
nous nous apprêtâmes à entrer dans les caveaux.

L'entrée des pyramides se trouve du côté nord, non
pas au niveau du sol, mais à une hauteur de 15 mètres.
Nous nous trouvâmes immédiatement dans un couloir
étroit et obscur, haut de 1 mètre et très en pente. Le
plancher était très glissant et nous sentîmes dès l'entrée l'odeur de l'air vicié dans lequel voltigeaient des
chauves-souris.

Après une vingtaine de mètres, nous entrâmes dans
un autre couloir qui allait en montant, conduisant
dans l'appartement royal. Pour cette raison, l'entrée en
avait été obstruée par une énorme plaque de granit,
si solide qu'on ne put pas la forcer pour se frayer passage. L'entrée actuelle fut pratiquée à une certaine
distance, dans le mur de la pyramide. Le plus intéressant, c'est que ce travail fut exécuté par les voleurs,
qui furent de tout temps attirés par les richesses amassées dans les pyramides.

Ce couloir est de même étroit et bas et long d'environ 38 mètres. Il nous conduisit dans la grande

galerie de la pyramide, longue de 47 mètres, large de
1 mètre et haute de 8 mètres et demi.

Cette galerie est un chef-d'œuvre d'architecture
antique, principalement au point de vue des ouvrages
en marbre. Les rejointoiements ont été exécutés avec
un art accompli, de façon qu'ils sont imperceptibles
et qu'il est impossible d'y introduire même la pointe
d'une aiguille. Tout, du plancher au plafond, est en
marbre de Mokatam.

Au bout de la grande galerie se trouve un nouveau
couloir étroit et bas comme le couloir d'entrée et qui,
s'élargissant après 8 mètres de longueur, forme une
sorte de vestibule d'où l'on pénètre dans la pièce principale de la pyramide, la chambre du roi.

C'est la plus vaste salle dans toute la pyramide. De
forme carrée, elle a 5 mètres de large et 10 mètres de
long. Le plafond est élevé de 6 mètres et la position
de la salle est à environ 42 mètres au-dessus du niveau
du sol.

La chambre du roi est entièrement revêtue de
plaques de granit polies et le plafond est formé par
neuf plaques semblables couvrant chacune la largeur
totale de la chambre.

C'est là que fut inhumé le pharaon Chéops, de la
quatrième dynastie, pendant le règne duquel l'Egypte
acquit une grande puissance. Lorsque son corps fut
déposé dans la pyramide, cette chambre fut remplie

d'objets de la plus grande valeur. Aujourd'hui, plus rien ne subsiste. Les voleurs, qui devaient être de grands spécialistes du cambriolage, ont pillé salles et sarcophages.

Dans la salle du roi, on ne voit plus que l'enveloppe du sarcophage ouvert et vidé de tout son contenu. Qui sait si ce dernier reste même eût été conservé n'était l'heureuse circonstance que, par suite de ses dimensions, on ne pouvait le transporter à travers les couloirs étroits? On ne sait rien au sujet de la momie de Chéops. Il est vraisemblable qu'elle fut sortie de la pyramide par les voleurs, dégarnie de ses joyaux et abandonnée quelque part dans le désert.

Nous retournâmes par le même chemin et les mêmes couloirs à l'air frais. Il y a encore d'autres pièces à voir dans la pyramide, mais elles sont difficilement accessibles par suite de l'encombrement des couloirs et elles sont peu intéressantes.

Il faut dire qu'on se sent léger lorsqu'on sort d'une pyramide. L'air y est lourd et chaud et presque irrespirable.

Jadis, à l'est de la pyramide, s'élevait un temple dédié au culte des morts, mais actuellement, sauf l'emplacement, rien n'en subsiste.

Les trois pyramides, plus petites, qui font suite à celle de Chéops ont contenu les restes de ses proches. Hérodote nous dit que, dans celle du milieu, fut déposé le corps de l'une de ses filles, et nous savons par les inscriptions qui se trouvent au musée du Caire que la première fut réservée à sa fille Henoutsen.

La véritable destination des pyramides est un mystère pour notre monde actuel. Le fait qu'elles contiennent des tombeaux ne saurait suffire pour ne les considérer que comme de vastes monuments funéraires. Nos églises ne contiennent-elles pas des tombeaux, et cependant quelle erreur serait celle de gens qui, dans trois mille ans, si notre civilisation devait sombrer dans la nuit des temps comme l'égyptienne, n'y verraient que d'immenses bâtiments destinés à la sépulture des morts ?

Non moins énigmatique est le sphinx posté à l'avant des pyramides. On peut admettre qu'Œdipe ne résolut pas précisément le mystère de la mort lorsqu'il donna une réponse exacte au rébus qu'il lui posa : « Quel est l'animal qui marche à quatre jambes le matin, à deux à midi et à trois le soir ? » C'était l'homme. Œdipe devina juste, ce qui lui valut, dans l'ignorance où il était de ses origines, d'épouser, par la suite, sa propre mère et de devenir le personnage le plus désolant de la tragédie humaine.

Mais le rébus du sphinx des pyramides est autrement difficile à résoudre. C'est un ouvrage monolithique haut de 20 mètres et long de 57 mètres. La tête seule a 5 mètres de haut, l'oreille 1 m. 37. Deux

hommes peuvent se coucher dans la bouche qui a
4 mètres de largeur. Les touristes ont l'habitude de
monter sur le sphinx, et ils s'étonnent alors de ne pas
pouvoir atteindre de la main le sommet de la tête en
se tenant sur l'oreille.

La question se pose comment les Egyptiens ont pu
transporter cet énorme bloc de pierre à cet endroit du
désert et l'y tailler. Evidemment, il a fallu qu'ils disposassent de moyens très puissants. De nos jours, le
problème ne serait même pas abordé. Personne, même
les monarques les plus puissants, n'aurait jamais idée
de se permettre un luxe aussi coûteux et aussi vain.
Mais, quels sont les véritables mobiles qui ont poussé
les Egyptiens à se livrer à ces travaux gigantesques
d'adoration, si l'on peut dire ? Qu'adoraient-ils au
juste? Là aussi, on en est réduit aux conjectures.

En ce qui concerne le sphinx, on peut admettre avec
vraisemblance qu'un rocher s'est trouvé émergeant du
sable à cet endroit et qu'ayant à peu près la forme
d'un lion, il fut taillé en sphinx.

Je revins au Caire dans l'après-midi. Résolu à continuer mon voyage, j'allai prendre mes informations
et partout on s'empressa à me conseiller d'attendre
une saison meilleure, la chaleur étant partout intenable à tel point que l'exode en masse des Européens
vers la mer avait déjà commencé. Mais je passai outre
à cette circonstance et je fis mes préparatifs de départ.

# CHAPITRE III

# La Vallée du Nil, Gizeh, Assiout, Kéna, Louksor

Louksor, le 3 avril 1923.

Me voici à Louksor, en pleine Haute-Egypte, à 670 kilomètres du Caire, et, n'étaient les moyens de transport modernes, il m'eût fallu un mois de voyage très fatigant pour parvenir jusqu'ici. Mais, grâce au chemin de fer, j'ai pu, non seulement faire la route en quelques jours, mais encore visiter quelques localités intéressantes.

Ayant une recommandation de la Direction des Antiquités, du Caire, j'ai pu visiter les ruines de Memphis. Les ouvriers y sont continuellement à l'œuvre, fouillant la terre de tous côtés. Dernièrement, ils ont trouvé quelques monuments de haute valeur, tels que l'immense statue de Ramsès II ou le temple du dieu Phtah.

Cependant, ce qui a été le mieux conservé de l'antique Memphis, c'est son cimetière grandiose qui a une superficie de 2 kilomètres carrés. On y voit plusieurs pyramides, dont l'une, à escaliers, est considérée comme datant des temps les plus reculés de l'histoire égyptienne.

Comme tous les autres, ce cimetière se trouve dans les sables du désert. La raison en est que les terres fertiles ont coûté cher, de tout temps, en Egypte, et que ces terres sont régulièrement inondées par le Nil chaque année, ce qui, à la longue, aurait certainement détruit ou endommagé les monuments funéraires.

Les dessins, très bien conservés, sur ces monuments, nous permettent de nous rendre compte, dans une certaine mesure, du train de vie dans l'ancienne Egypte. En effet, tous les actes de la vie domestique y sont reproduits : battage du blé, gavage d'oies, rôtissage de gibier, construction de vaisseaux.

Dans ce cimetière se trouve aussi la maison du savant français Mariette, le premier protecteur des antiquités égyptiennes. On y voit de même le Serapeum, le temple du taureau sacré Apis, qui était adoré à Memphis. Le Serapeum se distingue par sa construction élégante et ses galeries grandioses.

Curieux effet de la mentalité humaine : ce monument magnifique était destiné à la sépulture des taureaux sacrés qui y étaient inhumés dans des sarcophages pareils en splendeur à ceux des rois. Tant de travail, de génie et d'art, pour rendre honneur à des bœufs ! Evidemment, il y a de quoi faire sourire l'Européen, qui, ce faisant, ne songe pas aux leurres de son temps et de son continent. Et cependant, d'autres illusions ayant remplacé certaines superstitions que notre siècle a mises à la mode, comment nos lointains descendants ne souriraient-ils pas devant les vestiges de nos erreurs !

La plupart des tombeaux furent, depuis longtemps, la proie des pillards. Mariette, cependant, découvrit dans le Serapeum un sarcophage intact contenant le cadavre embaumé d'un taureau sacré. Il fut saisi en voyant dans quel état de conservation parfaite se trouvait cet animal, enseveli là il y a quatre mille ans.

Comme point terminus de la ligne de chemin de fer égyptienne et par ses trésors archéologiques, Louksor est devenue un lieu de rendez-vous très impor-tant pour les touristes. Elle a encore une autre attrac-tion qui fait traverser les mers à bien des curieux aisés : c'est son célèbre clair de lune, d'une intensité qu'on peut rarement observer ailleurs. C'est pourquoi la petite ville, qui compte à peine quinze mille habi-tants, possède de très beaux et luxueux hôtels.

# CHAPITRE IV

# Le Soudan, la première Cataracte le désert de Nubie

Je quittai Louksor le 4 avril au matin, par le chemin de fer à voie étroite qui me conduisit jusqu'à Assouan. Au cours de ce voyage de plus de 200 kilomètres, on remarque un grand changement dans la nature. La vallée du Nil est bien plus étroite et beaucoup moins fertile qu'en aval du fleuve, et son aspect est encore plus monotone.

Assouan est une petite localité très propre et pittoresquement installée dans un vallon fermé à l'est par les confins montagneux du désert arabe, et à l'ouest, par ceux du désert nubien. Par sa position magnifique et son climat tempéré et sec, Assouan est un véritable asile pour les malades qui y affluent principalement pendant les mois d'hiver.

La Croix du Sud, cette constellation si souvent évoquée dans notre littérature européenne, est visible ici du mois de janvier au mois d'avril.

En face de la ville même se trouve la célèbre île

Eléphantine, qu'aucun touriste venant ici ne manque
de visiter. Je m'y suis rendu, dès le lendemain, par le
petit vapeur de l'hôtel Savoy. L'île a 2 kilomètres de
longueur et 400 à 500 mètres de largeur. Elle est plantée de palmiers dont le doux ombrage est délicieux
dans ces parages tropicaux.

Deux villages nubiens se trouvent dans l'île, et, l'affluence des touristes étant grande, les habitants n'ont
su trouver aucun moyen meilleur d'en profiter que
de s'adonner à la mendicité. Leurs supplications plain-
tives se font écho de toutes parts et donnent l'impression d'une véritable calamité.

La chose la plus intéressante y est le « nilomètre ».
C'est un puits profond à parois de pierre et muni
d'une échelle. L'eau y monte ou descend, selon le
niveau du Nil. Déjà dans l'antiquité, les nilomètres,
qui sont nombreux jusqu'à Alexandrie, ont joué un
grand rôle dans la vie publique. On savait exactement,
d'après l'état des eaux, quels canaux et quelles terres
seraient irrigués et on proportionnait les impôts à la
quantité d'eau reçue, ceci étant l'élément principal de
la récolte, bonne ou mauvaise, en Egypte. Trois
échelles, datant d'époques bien éloignées l'une de
l'autre, se trouvent dans ce puits : l'une, moderne, au
système métrique, l'autre, grecque, beaucoup plus
ancienne, et la troisième, l'antique, en mesures démo-
tiques.

A l'entrée des escaliers par lesquels on descend dans le nilomètre, on a aménagé un petit musée contenant les antiquités trouvées en Nubie septentrionale.

Non loin du nilomètre, en face de l'hôtel « Cataract », se trouvent les ruines d'une grande forteresse. La partie sud de l'île est recouverte des vestiges de la ville antique d'Eléphantine. Là, parmi des tas de briques, se trouve un petit temple construit exclusivement en matériaux provenant de temples anciens. Cela se reconnaît aux ornements et aux armoiries, parmi lesquelles on reconnaît celles de Ramsès III, de Tutmosis III, etc.

A l'extrémité de l'île, on arrive à un haut rocher penché sur l'eau à un tel degré qu'on a l'impression qu'à chaque instant il doive y crouler. Du sommet, on a une très belle vue sur la première cataracte, qui est de même une suite de sombres rochers à travers lesquels le Nil roule avec un bruit assourdissant.

Près de la rive droite du Nil se trouve une autre île sillonnée de petites excavations qui lui ont valu le nom d'« Ile des Casseroles ». Là aussi, on se trouve dans l'ombre de magnifiques palmiers qui furent la propriété de lord Kitchener, au temps où il était « sirdar » dans cette contrée.

Le lendemain, j'allai voir le grand barrage d'Assouan qui constitue vraiment un ouvrage unique au monde, par ses dimensions et les services qu'il rend dans cette partie du monde.

Ce barrage règle l'irrigation de la vallée du Nil, un nouveau barrage de moindre importance, quoique mesurant 833 mètres de longueur, se trouvant à Assouit. Le barrage d'Assouan a une longueur de 1 960 mètres et avait une hauteur de 40 mètres et une largeur de 80 mètres à la base et de 7 mètres au sommet, mais il fut élargi de 5 mètres ultérieurement. La contenance du bassin qui sert de réservoir était de 2 milliards et demi de mètres cubes, mais, par suite de l'afflux d'alluvions qui ont formé une couche de 20 mètres au fond, sa capacité s'est abaissée à 980 millions de mètres cubes. A la saison des pluies, de juillet à novembre, le barrage est fermé. Lorsque les sécheresses commencent, en mars, ces immenses quantités d'eau suffisent pour l'irrigation, pendant toute la saison. Les paysans de la vallée du Nil n'ont jamais le souci du beau temps et de la pluie, malgré qu'ils n'aient nul espoir de voir celle-ci tomber pendant de longs mois.

Sur le côté ouest du barrage, on a construit des écluses pour le passage des bateaux qui naviguent entre Assouan et le Soudan.

Je revins à Assouan le soir et je fis immédiatement mes préparatifs de départ pour Ouadi-Halfa, le bateau partant de bonne heure le matin.

Les bateaux qui circulent sur cette partie du Nil

sont assez spacieux, mais ne possèdent pas de cabines de troisième classe. C'est pourquoi ils remorquent toujours un chaland dans lequel s'entassent les nègres, qui se déplacent beaucoup.

Nous partîmes vers huit heures du matin et, en moins de deux heures, nous passâmes la cataracte et atteignîmes l'île de Philæ. Actuellement submergée dans les eaux retenues par le barrage, cette île a joué un grand rôle dans l'histoire de l'Egypte.

Jadis, elle était considérée comme la fleur de la vallée du Nil et vouée à l'adoration d'Isis, la plus haute divinité des Egyptiens aussi bien que des Bédouins du désert, qui furent toujours les ennemis les plus acharnés des premiers, et toujours en guerre avec eux. Cependant, quoique adversaires irréconciliables, ils eurent toujours des accords permettant aux prêtres des uns et des autres d'apporter en commun les sacrifices à la déesse. Plusieurs fois sa statue fut volée par des Bédouins et emportée dans le désert, mais la crainte du châtiment divin les amenant à componction, ils ne tardaient pas à rapporter leur larcin dans l'île.

Les Arabes et les Berbères des environs lui donnent le nom de l'île du héros Anas-el-Ougoud. C'est le héros d'un conte des « Mille et une nuits » qui, après de longues péripéties, réussit, avec l'aide des crocodiles et des oiseaux, à délivrer sa fiancée.

L'île est parsemée de ruines de temples et de palais

qui témoignent de l'importance que les Egyptiens atta-
chaient à ce lieu sacré et des efforts qu'ils faisaient
pour l'embellir. Mais les Romains eux-mêmes ado-
raient la déesse de l'île de Philæ et ce ne fut que l'empereur Justinien qui, au sixième siècle de notre ère,
réussit à abolir les temples et à introduire le christia-
nisme.

A quelque distance de là, le Nil fait un détour vers
le sud-ouest. Le paysage devient tout de suite plus gai,
car, des deux côtés, apparaît un peu de verdure. Par
endroits, on distingue de même des ruines d'anciennes
forteresses. Au loin, à l'horizon, apparaissent les collines du désert avec leurs fortins construits pendant la
révolte du Mahdi.

L'aspect du pays est, en général, plutôt aride. Le
sable y prédomine et nous fait apparaître l'Egypte
comme un immense désert à travers lequel la vallée
du Nil serpente comme un filon. Avant Assouan, la
superficie de la terre fertile est assez vaste et, si l'on
voit le désert, ce n'est que par-dessus les palmiers et
les champs labourés. Ici, le désert touche aux rives
du fleuve ; les villages sont disséminés sur des parcelles
de terre arable qui est loin d'être aussi fertile que celle
que nous avons vue auparavant.

Près du village de Deboda, notre attention fut rete-
nue par les ruines d'un magnifique bâtiment qui s'élevait sur un rocher, au bord du Nil.

Le village de Tchoumba dans la tribu des Denkas.

Gondokoro sur le Nil Bleu.

Lorsqu'on s'approche de cet endroit, on voit d'abord les restes d'un palais qu'on appelle ici la Cour de Cléopâtre, car on affirme que ce fut la résidence de la célèbre reine. Le palais lui-même avait été construit bien avant elle, par l'empereur d'Abyssinie et d'Éthiopie Ezé-Kep-Aloun. Les colonnes qui émergent de l'eau sont d'immenses dimensions. La tradition prétend même que c'est là que Cléopâtre se donna la mort en laissant un aspic la mordre au sein.

Plus loin, tout le long de la route, on est étonné de voir tant de vestiges du passé le plus ancien. A chaque instant, on aperçoit les décombres d'un temple ou d'un palais. On a l'impression d'une grande prospérité, d'une haute civilisation lointaine ensevelie dans la nuit des temps. Même sur les monticules du désert environnant, il y eut jadis des palais et des villas, et ces contrées, qui ne possèdent actuellement que de pauvres villages musulmans, furent, au temps de leur splendeur, le lieu d'élection des empereurs et des rois. Qu'est-ce qui leur fit préférer précisément cette partie du Nil? La nature elle-même n'a-t-elle pas changé d'aspect? C'est à croire, puisque, actuellement, sur ces 200 kilomètres de parcours, il y a à peine quatre-vingt-dix mille habitants.

A trois heures de Chelal (le port, près d'Assouan, d'où partent les bateaux), nous vîmes la petite ville de Kardach, près de laquelle se trouve un temple égyp-

tien appelé Kalambach, construit par le pharaon Amé-
nophis II, de la dix-huitième dynastie, mille six cents
ans avant Jésus-Christ. Le capitaine du bateau me dit
que la nuit, au clair de lune, ce temple a un aspect
vraiment féerique et inoubliable.

Ensuite, c'est encore le défilé des villages miséreux,
avec leurs cases en osier et en terre qui font un
contraste si frappant avec ce qu'on voit et ce qu'on
imagine plus encore, des splendeurs du passé. Et toujours le désert avec ses sables si ardents qu'il est presque impossible de regarder de leur côté.

Nous passâmes encore près de la petite ville de Dakké,
dont le nom signifie escaliers. C'est à cet endroit que
le général romain Pétrone battit, vingt-trois ans avant
Jésus-Christ, les Ethiopiens qui s'étaient assez bien
organisés dans les deux Nubies. Ici aussi, on voit un
temple magnifique dédié au dieu Thoth. Ce temple
fut restauré en 1908 et se trouve actuellement dans
son état premier.

A 190 kilomètres de Chelal, se trouve le carrefour
de routes très important de Korosko. C'est le point
de départ de la poste et des caravanes qui cherchent
à prendre le plus court chemin, par le désert de Nubie,
le Nil faisant là un grand détour. Cependant, depuis
qu'une ligne de chemin de fer a été construite à travers
le désert et qui part de Ouadi Halfa, un peu plus au
sud, Korosko a énormément perdu de son importance.

Au temps de l'insurrection du Mahdi, Korosko constituait une importante base stratégique et c'est pourquoi plusieurs forts y ont été construits. Actuellement, tout est abandonné et la ville donne l'impression d'une rapide décadence.

De Korosko à Abou Simbel, la vallée du Nil devient beaucoup plus riante et atteint sa plus grande largeur en Nubie. Tout le long des rives on voit des norias que font tourner les buffles ou les chameaux. Le Nil fait une boucle vers le nord, mais reprend bientôt la direction du sud.

Abou Simbel n'a actuellement aucune importance, mais, au point de vue de l'antiquité, c'est un endroit vraiment merveilleux. Ce fut certainement un grand centre artistique dans l'Egypte ancienne, car on y voit un grand temple construit par le pharaon Ramsès II, en l'honneur du dieu Ammon et en souvenir de sa victoire sur les Chananéens. Ce temple est entièrement bâti en granit et regorge de statues et d'inscriptions très bien conservées. Les statues sont d'un art accompli et l'on s'étonne de voir, par exemple, avec quelle habileté le sculpteur a su donner au pharaon Ramsès une expression de bonté et de douceur ineffables.

Pour se faire une idée de ce que sont ces statues, il suffit de faire remarquer qu'elles ont 10 mètres et plus de hauteur, et une statue de Ramsès II atteint 20 mètres. Ce temple peut certainement être comparé aux plus beaux temples égyptiens connus.

Avant même que nous atteignissions Abou Simbel, les rives du Nil, jusqu'ici si plates, commencèrent à devenir accidentées. A partir d'Abou Simbel, les escarpements devinrent de plus en plus accentués, faisant pressentir la seconde cataracte qui se trouve près de Ouadi Halfa. Mais les rochers qui défilaient devant nous, tandis que le bateau glissait lentement contre le courant assez rapide, offraient quelque chose de plus que l'intérêt d'un paysage quelconque. Ils portaient des traces ineffaçables de la civilisation disparue qui posséda des techniciens de tout premier ordre. Ici, c'est dans le roc qu'on a taillé des palais magnifiques à façades monumentales ; la nature, violée dans sa simplicité, y apparaît comme vaincue par l'homme acharné à l'embellir par son ingéniosité et son art.

Nous arrivâmes à Ouadi Halfa après quarante-huit heures de voyage. C'est la ville frontière entre l'Egypte et le condominium anglo-égyptien du Soudan dont la capitale est Khartoum et qui englobe une superficie de 2 millions et demi de kilomètres carrés, ce qui égale l'étendue de toute l'Europe, la France et la Russie exceptées.

Ouadi Halfa est une petite localité qui, pendant l'insurrection du Mahdi, fut le point de départ de toutes les expéditions anglaises.

A peu de distance de là, en amont du Nil, se trouve

la deuxième cataracte qui, par sa beauté sauvage, surpasse de beaucoup la première que nous avons vue,
près d'Assouan. Elle se place à l'issue d'un défilé à
travers les montagnes, long de 150 kilomètres. Les
chutes du Nil sont beaucoup plus bruyantes et rapides
que près d'Assouan. C'est du haut de la célèbre roche
d'Abousir qu'on a la plus belle vue sur la cataracte.
En bas, dans le fleuve, on voit un véritable labyrinthe
de rochers qui reluisent sous les rayons du soleil
comme s'ils étaient émaillés. L'eau s'y jette en de
nombreuses cascades, avec des flots d'écume et un
mugissement assourdissant.

Les voyageurs pour Khartoum prennent à Ouadi Halfa
le train qui passe par le désert de Nubie. La gare se
trouve dans le port même ; cependant, avant d'y monter, on doit passer par le bureau des douanes où il est
procédé à un minutieux examen des bagages, motivé
principalement par l'interdiction sévère d'introduire
des armes et de l'alcool au Soudan. C'est particulièrement ce dernier article qui est visé et, par un sur-
croît de prudence, les voyageurs sont tenus de si-
gner un écrit déclarant qu'ils ne transportent pas
d'alcool.

Ce sont les nègres qu'on protège de la sorte contre
l'alcoolisme. Les Européens qui vendraient des boissons alcooliques à des nègres seraient sévèrement
punis. Les tarifs douaniers sur ces articles sont très

élevés et c'est pourquoi ils sont excessivement chers. Une bouteille de bière coûte ici 5o francs et un verre de cognac 25 francs.

Le train pour Khartoum est spécialement aménagé pour le voyage à travers le désert. Les wagons ont des toitures doubles, sans quoi les voyageurs auraient toutes chances d'arriver cuits à destination. Le prix du voyage est excessivement cher, sauf pour la quatrième classe qui est réservée aux nègres et dont l'accès est interdit aux Européens.

Dès la sortie de Ouadi Halfa, nous entrâmes dans le désert de Nubie et nous nous perdîmes dans l'océan de sable. Sur 36o kilomètres de route, il nous fut impossible de voir la moindre trace d'êtres vivants ni d'une végétation quelconque. Pas un village, pas la moindre hutte, pas même un brin d'herbe. Seuls, apparaissent les poteaux télégraphiques qui sont munis ici de petits paratonnerres, les orages étant très fréquents. Très souvent, de grands serpents sont enroulés autour de ces poteaux et sifflent au passage du train en agitant leurs dards menaçants.

A chaque trentième kilomètre se trouve un bastion avec un détachement de soldats qui protègent la voie contre les attaques des brigands. Naturellement, ces soldats ne peuvent être ravitaillés que par les trains qui leur apportent l'eau et les vivres, trois fois par semaine.

Pendant tout le parcours à travers le sable, le voyageur, ignorant des choses du désert, est frappé d'étonnement en voyant avec quelle rigueur on rationne l'eau dans toutes les classes. En effet, à 3oo mètres à peine du train, on apercevait les bords d'un lac qui s'étendait à perte de vue et qui miroitait au soleil en agitant sa nappe argentée... C'était le mirage que connaissent si bien les habitués du désert, mais qui, ici, avait tant de vraisemblance que, même averti, on pouvait s'adonner à la douce illusion de pouvoir prendre un bain à la première halte.

Ce mirage, agréable en somme, nous tint compagnie jusqu'à la station d'Abou Hamed où nous revîmes le Nil. Nous avions une heure d'arrêt et la gare fut immédiatement envahie par des marchands nègres qui offraient toutes sortes d'aliments, entre autres du rôti de crocodile et des espèces d'anguilles marinées qui avaient tout l'air d'être des serpents.

Le Nil qui, de Ouadi Halfa à Abou Hamed, fait un immense détour en s'éloignant de plus de 2oo kilomètres de la voie ferrée, n'est plus navigable dans ces contrées. Il traverse des gorges de montagnes et son lit, parsemé de rochers, est le pays béni des crocodiles qui y sont innombrables et dont la chasse est l'occupation principale des populations nègres, dont la viande de crocodile constitue la nourriture favorite.

L'idée me vint immédiatement d'organiser une

chasse au crocodile et je trouvai sans peine une compagnie de nègres pour m'accompagner.

Les nègres se servent d'un engin spécial pour chasser le crocodile, et qui consiste en une hache à deux tranchants, le manche se trouvant au milieu, entre les deux.

Munis de cette arme, les chasseurs s'approchent de l'animal qui, de son côté, les guette en imitant très bien la voix d'un petit enfant qui pleure. En arrivant en face de lui, le chasseur étend vivement le bras le long de la hache, sur quoi l'animal affamé bondit, avale la hache sur laquelle il rabat ses longues mâchoires, le chasseur ayant naturellement retiré prestement son bras. Les deux tranchants se sont enfoncés dans la chair et l'animal est capturé. Mais l'histoire n'est pas finie. Le crocodile a une queue très élastique et munie de tranchants qui en font une véritable scie. Tout en souffrant les pires douleurs, il a encore la force de couper son ennemi en deux si celui-ci se met dans une position favorable. Il importe donc d'être excessivement prudent jusqu'au dernier moment, jusqu'à ce que l'animal devienne inoffensif par suite de la perte de sang.

A ce moyen primitif nous préférâmes le fusil qui, lui-même, n'est cependant pas une arme de tout repos devant un crocodile. Celui-ci a une peau si dure que les balles du fusil de chasse ne la traversent pas. Il s'agit de procéder la nuit, alors que les crocodiles s'étendent sur le sable pour dormir, et ils dorment la bouche ouverte. C'est, avec les aisselles, son seul point vulnérable et malheur au chasseur maladroit qui manque son coup.

Nous eûmes cependant de la chance et rapportâmes quatorze grands crocodiles et trois petits; de plus, deux cents œufs, que les nègres mangent avec délices quoiqu'ils aient un goût fade et rance.

Pour leur chair et leurs œufs, les nègres détruisent les crocodiles, mais ceux-ci prennent souvent leur revanche. Ils savent se tapir dans l'eau lorsque les nègres, principalement les femmes, viennent en puiser. Alors, d'un coup de queue, ils coupent leur victime en deux et l'emportent dans l'eau pour la dévorer à loisir.

Après cette chasse, je revins à Abou Hamed pour reprendre le train qui, maintenant, ne quitte plus la vallée du Nil jusqu'à Khartoum. Nous sommes dans un pays de palmiers et de collines rocheuses très pittoresque et agréable. Mais, en dehors de cela, il n'y eut rien d'intéressant à voir jusqu'à Khartoum.

La capitale du Soudan se trouve à 15°6' au nord de l'équateur, à 2 000 kilomètres du Caire. C'est à sa proximité, devant son faubourg d'Omdourman, que se rencontrent le Nil Bleu, qui prend sa source dans les montagnes d'Abyssinie, et le Nil Blanc, jaillissant du lac Victoria qui se trouve dans le centre de l'Afrique. Mais, ni l'un ni l'autre de ces fleuves ne répondent par leur couleur au nom qu'ils portent : le Nil Bleu est simplement moins clair que le Nil Blanc.

Mais, à Khartoum, le Nil a déjà atteint sa plus grande largeur. De là jusqu'à son embouchure, il ne saurait que se rétrécir, ne recevant qu'un seul affluent et perdant beaucoup d'eau dans les canaux d'irrigation et par évaporation.

Les pluies torrentielles qui de juin à septembre tombent sur les plateaux d'Abyssinie rendent la crue du Nil tellement intense que les eaux du Nil Blanc sont arrêtées pendant des mois à son embouchure. C'est ainsi qu'un barrage naturel est établi devant Khartoum, le Nil Blanc constituant un vaste réservoir qui alimentera le cours du fleuve pendant les mois de sécheresse.

La ville de Khartoum fut fondée entre 1823 et 1830 par Mehmed Ali. Son nom signifie « dent d'éléphant » et lui vient de la petite île située entre les deux Nils et qui en a la forme. Etant le marché principal dans le Sud égyptien, Khartoum s'est développée très rapidement et aurait certainement prospéré encore mieux si l'insurrection du Mahdi n'avait arrêté son expansion pendant des années.

La ville compte environ 40 000 habitants, mais il faut y ajouter les deux faubourgs de Khartoum-Nord et d'Omdourman, avec lesquels le nombre d'habitants s'élève à environ 120 000, dont 3 000 à peine sont des Européens mêlés à quelques centaines d'Arabes, d'Hindous et d'autres étrangers. C'est en réalité une grande ville nègre.

Nous sommes au mois d'avril et les chaleurs sont déjà intenables. Les rues sont larges et bien aérées, mais elles ne sont pas pavées. Les maisons n'ont en général qu'un rez-de-chaussée et sont entourées de jardins. Dans les hôtels, chaque chambre est doublée d'un espace égal sur la terrasse qui est toujours protégé contre les moustiques, et, surtout, contre les serpents qui sont très nombreux et dont on entend le sifflement dans la nuit.

Khartoum a de grands parcs plantés de palmiers où j'ai pu voir pour la première fois l'arbre-savon, dont l'écorce a les propriétés du savon ordinaire. Dans les environs, on voit beaucoup de caféiers.

Les paysans soudanais cultivent la terre d'une façon très primitive, mais ils sont très laborieux. Ils ne connaissent pas la charrue et sont très mal outillés. Leur principal instrument de travail est la noria qui arrose inlassablement leurs terres de cette eau bienfaisante du Nil qui suffit pour leur assurer de bonnes récoltes.

Les quais de Khartoum s'étendent sur 5 kilomètres de longueur et sont plantés d'arbres touffus qui donnent un peu de fraîcheur. Sur l'autre rive on aperçoit la ville d'Omdourman, derrière laquelle se trouvent les monts de Sourkab et de Kereri d'où l'on extrait une excellente pierre de construction qui a tout l'aspect du marbre.

Devant la ville même existent de beaux vergers parmi lesquels s'élève une vieille forteresse qui offrit une résistance acharnée, en 1885, aux insurgés du Mahdi qui arrivèrent du Sud, détruisirent Khartoum et installèrent leur capitale à Omdourman.

Les bâtiments de l'administration sont nombreux. Le plus beau est celui du gouverneur général, élevé à l'endroit où fut tué le général Gordon pendant l'insurrection. Derrière le palais se trouve la statue en bronze du général anglais, unique au monde par son aspect, car le général est représenté monté sur un chameau.

La grande attraction de Khartoum pour les Européens est son jardin zoologique. Toute la faune soudanaise y est représentée, et quoiqu'il n'y ait pas d'animaux qui nous soient inconnus, il est impossible de dire qu'ils ne diffèrent pas grandement de ceux que nous sommes habitués à voir dans nos jardins zoologiques européens. En effet, ici, ils sont dans leur pays d'origine, exposés aux rayons ardents du soleil sous lesquels ils ont grandi et aucun d'eux n'a rien perdu de son ardeur sauvage ni de sa virilité.

En aval de la ville, au point de contact des deux

Nils, se trouve un petit village arabe d'où le vapeur transporte les voyageurs à Omdourman, la première ville sur le Nil déjà formé. C'est une localité dont le passé est du plus haut intérêt au point de vue historique. Son développement est, en effet, étroitement lié à la grande insurrection mahométane mahdiste, que j'ai déjà mentionnée, mais qui mérite d'être relatée plus en détail.

L'insurrection fut organisée par les derviches, ou moines mahométans, et particulièrement par les derviches hurleurs et les derviches tourneurs, c'est-à-dire qui se livrent à ces actes pendant leurs prières. Ce sont deux ordres monastiques indépendants l'un de l'autre, mais non contraints de renoncer aux biens terrestres, comme c'est le cas chez les moines chrétiens.

Dans le but de réveiller le sentiment de la foi parmi les mahométans soudanais et de relever le prestige des derviches, ces deux ordres résolurent de tirer profit du mécontentement des indigènes et de les soulever contre l'administration anglaise. Leur chef, le Mahdi, quoique simple derviche, sut fanatiser ses gens et, sur son ordre, tout le Soudan se souleva inopinément. L'insurrection commença en 1883 et ce ne fut qu'en 1898, quinze ans après, que les Anglais et les Egyptiens réussirent à y mettre fin.

Partie du Sud soudanais, l'insurrection se propagea vite vers le Nord. Dès le début, le Mahdi réussit à battre deux armées anglaises, celles des généraux Hiks pacha et Baker pacha.

L'année suivante, le général Gordon, ancien gouverneur du Soudan, prit le commandement des opérations qui se déroulaient principalement autour de Khartoum, mais en peu de temps il fut cerné par les mahdistes, qui, le 26 janvier 1885, prirent la ville d'assaut, tuant le commandant anglais. L'armée du général Walsen, qui venait au secours du général Gordon, arriva bien trop tard.

Cependant, la même année, mourait le chef de l'insurrection, le Mahdi, qui fut inhumé à Omdourman avec tous les honneurs dus aux khalifes.

Le Mahdi fut remplacé par le khalife Abdoulahi. Cependant, l'Egypte s'étant sensiblement épuisée pendant la guerre et la question de l'occupation anglaise ayant été soulevée de nouveau, la lutte fut interrompue pour un temps indéterminé que le khalife Abdoulahi utilisa pour stabiliser sa position et pour organiser son Etat. Il y réussit pleinement et c'est ce qui explique la résistance acharnée que les derviches opposèrent plus tard aux Anglais.

Après un armistice qui dura environ dix ans, une grande armée anglo-égyptienne partit de Ouadi-Halfa. Cette armée passa le désert et vint prendre ses positions devant Omdourman, où se trouvait la capitale d'Abdoulahi.

La bataille eut lieu le 2 septembre 1898 près du mont Kerari, non loin d'Omdourman, et lord Kitchener remporta une éclatante victoire. Abdoulahi fut contraint de quitter sa capitale, dans laquelle lord Kitchener s'installa immédiatement. L'insurrection fut brisée et tout le Soudan tomba rapidement aux mains des Anglo-Egyptiens. Les guerriers fanatiques du Mahdi se dispersèrent en bandes isolées qui fuyaient devant l'ennemi et son Etat se transforma en ce condominium anglo-égyptien du Soudan qui établit sa capitale à Khartoum. Omdourman, où, au début de l'insurrection, le Mahdi avait établi un camp de cent mille soldats et qui porte le nom d'une vieille femme qui vécut longtemps isolée du monde à cet endroit, devint un faubourg de la capitale nouvelle. Tout ce qui lui est resté, c'est la dénomination d'El Bouka, ou lieu saint, que lui donnent encore les mahométans en souvenir de leurs succès du début de l'insurrection.

Omdourman possède aussi un quartier chrétien où habitent les Abyssiniens, les Koptes et quelques Grecs. La misère qui résulta dans les provinces de ces quinze années de guerre attira vers cette ville les gens les plus disparates de toutes les parties du Soudan. Les Bédouins noirs et les nains de l'Ouest, les Bédouins sémites et chamites, les Nubiens et les tribus nègres s'y donnèrent rendez-vous et formèrent ainsi une localité des plus hétéroclites qu'on puisse voir dans ces contrées.

C'est peut-être pourquoi Omdourman est restée le centre commercial du Soudan, malgré les efforts faits par l'administration pour avantager Khartoum. C'est ici le marché principal du caoutchouc et de l'ivoire, deux articles qui, en effet, suffisent pour assurer la prospérité d'une ville.

On se rend compte, dès l'arrivée, qu'un grand mouvement commercial doit avoir lieu ici, par l'animation même qui règne en ville. Et, chose curieuse, malgré les moyens de communication modernes qui existent, tous ces gens préfèrent circuler montés sur des ânes qu'on loue de tous côtés et qui de plus sont sensiblement plus chers que les tramways.

Le marché est très intéressant par les innombrables épices des pays tropicaux qu'on y voit et qui sont souvent pour ainsi dire inconnues chez nous. Mais ce sont surtout les plumes d'autruche, les perles, les fourrures et les peaux de fauves qui attirent l'attention de l'Européen.

A quelque distance du marché se trouve la prison de Sayer, de sinistre réputation, où de nombreux Européens furent torturés et massacrés pendant l'insurrection, car, pour les indigènes, tout homme blanc était Anglais et, par suite, soumis aux pires traitements.

Le marché de Mongalja (Soudan).

Actuellement, on voit à Omdourman de nombreux palais de khalifes et des bâtiments publics qu'ils firent construire. Ils dénotent tous le désir d'édifier une belle capitale où se refléterait la puissance de l'Etat. Dans l'un de ces palais réside le khalife actuel, car après leur victoire, les Anglais maintinrent le khalifat, trouvant leur intérêt à avoir le chef religieux du Soudan sous leur dépendance, de préférence au khalife de Constantinople qui échappait à leur influence.

Durant l'hiver, de novembre à février, le climat est excellent, spécialement pour les maladies de poitrine. Le ciel est toujours pur, la chaleur atténuée par la brise du nord, l'air tiède et sec, et de plus, à cette époque, il n'y a ni moustiques ni autres insectes si agaçants et dangereux en été. La vie est très bon marché et la propreté de la ville exemplaire. Le nombre des malades qui viennent au Soudan est de plus en plus grand, le climat de l'Egypte étant à la même époque défavorable par suite des vents et du sable qu'ils apportent.

Je tenais à abréger mon séjour à Khartoum afin de profiter de la saison favorable pour traverser le centre africain. J'avais fait la connaissance de deux savants suisses qui entreprenaient un voyage d'exploration vers le Congo belge. Comme j'avais déjà acheté un yacht avec lequel j'avais l'intention de remonter le Nil autant que faire se pouvait, je les invitai à voyager

en ma société, ce qu'ils acceptèrent avec satisfaction.
Nous nous mîmes immédiatement à faire nos préparatifs de départ, mais ils me proposèrent alors de faire
d'abord une excursion par le chemin de fer de Khartoum à El Obeïd et Ouad Medineh, deux villes situées à
environ 700 kilomètres au sud-ouest de Khartoum.
Nous nous mîmes d'accord et dès le lendemain nous
entreprîmes ce voyage.

Les contrées que nous traversâmes sont celles qui
s'étendent vers la frontière de l'Abyssinie. Elles se distinguent beaucoup du Soudan septentrional. Ici, nous
sommes déjà dans la sphère tropicale, mais non pas
dans la zone des forêts vierges et de la végétation
exubérante. Nous traversons des champs cultivés et
des terres boisées. Les villages qui apparaissent avec
leurs cabanes en treillis sont peuplés uniquement de
nègres. On ne voit plus ni Egyptiens ni Berbères. Et,
chose curieuse, ces nègres rient toujours, sans doute
parce qu'ils voient passer le train.

Jusqu'à Ouad Medineh, nous voyons surtout des
plantations d'indigo et de coton. Ces dernières surtout
sont très importantes et pendant des heures on ne voit
pas apparaître autre chose à l'horizon que des champs
de coton.

Contrairement aux autres lignes africaines qui ont
plutôt une importance stratégique, celle-ci est surtout d'intérêt commercial. Elle traverse les régions les

plus fertiles du Soudan et de longs trains de marchandises sont en route pour Khartoum, y apportant les produits du Soudan méridional.

La première ville d'une certaine importance sur cette ligne est Ouad Medineh qui compte environ vingt mille habitants. Quoique peuplée uniquement de nègres, la ville est très propre et ces populations noires semblent beaucoup plus tenir à la propreté que les Arabes des basses classes sociales.

La ville a un aspect assez insolite. Les maisons sont en général en treillis, mais de grands espaces libres les séparent, en sorte que cette ville occupe un espace disproportionné au nombre de ses habitants. Ceux-ci appartiennent aux tribus des Foungis et des Hamagis qui occupent les contrées environnantes.

# CHAPITRE V

# Ouad Medineh et El Obeïd, le Nil Blanc, Kodok

Rédjaf, le 8 mai 1923.

La première localité qu'on rencontre en partant de Khartoum s'appelle Ouad Medineh. Les habitants sont des nègres des tribus des Funghi et des Hamaghi qui occupent aussi les environs. Il y a de même des Arabes qui s'adonnent au commerce, mais les croisements entre eux et les nègres ont été si nombreux qu'on ne saurait les distinguer, par leur aspect, des gens de la race noire. Du reste, ils ne sont guère plus avancés et n'ont aucune autorité sur les nègres de Ouad Medineh.

A certaines époques de l'année, lorsque la crue des eaux le permet, des bateaux appartenant à l'Etat soudanais assurent le service de navigation sur le Nil Bleu. Ces bateaux partent de Khartoum, touchent Ouad Medineh, la ville de Sennar et parviennent presque jusqu'aux frontières d'Abyssinie. Au printemps, la navigation cesse, non seulement dans ces régions, mais aussi sur le Nil Blanc, par suite de la sécheresse qui sévit dans les régions qu'il traverse. Ce n'est qu'à la seconde moitié de juin que commence la période des pluies et elle dure trois mois sans interruption. L'hiver, du reste, n'existe pas dans ces parages, seule la pluie vient apporter un peu de fraîcheur à l'époque qui correspond à notre été. A ce moment, la crue des eaux commence, charriant tout ce qui se trouve dans le large lit du fleuve. Les écluses d'Assouan sont alors larges ouvertes et l'eau s'écoule à travers l'Egypte. Cet événement est annoncé télégraphiquement d'Assouan dans tout le pays et les Egyptiens célèbrent ce jour comme une grande fête nationale. Dans toutes les mosquées des services religieux ont lieu en remerciement à Allah, car, n'était cette crue annuelle du Nil, l'Egypte ne serait qu'un désert inculte.

Au Caire même, tous les magasins sont fermés ce jour-là, la ville est pavoisée et ornée de fleurs, et toute la population se rend sur les bords du Nil pour voir l'arrivée des eaux. Le roi lui-même, l'ancien khédive, s'y rend en cortège solennel et y est reçu en grande pompe. Cependant, cette solennité n'a lieu au Caire qu'au mois d'août, les eaux ayant besoin de plus d'un mois pour y parvenir.

Au kilomètre 267, au sud de Khartoum, se trouve la petite ville de Sennar, bâtie avec goût, pour autant que cela puisse se dire d'une ville nègre. A quelques kilomètres en amont du fleuve se trouvent les ruines de la vieille ville de Sennar qui fut florissante jusqu'il n'y a pas plus de quarante ans, avec ses vingt mille habitants, et qui est aujourd'hui complètement abandonnée.

Ces ruines rappellent l'insurrection des derviches sous la conduite du Mahdi, insurrection qui ravagea tout le Soudan. L'ancienne ville de Sennar subit le sort général. A deux reprises, le Mahdi en fit le siège, mais sans succès. La garnison était assez forte et la population elle-même prenait une part active à la résistance. Cependant, la ténacité, comme toujours, eut le dernier mot. Le Mahdi prolongea le siège et finit par conquérir la ville. Alors, pour se venger de cette longue résistance, il livra la ville au pillage et à la destruction. Les habitants furent tués ou chassés, leurs maisons détruites. La ville, jusque-là prospère, devint tout à coup un monceau de ruines sur lesquelles il fut impossible d'édifier une localité nouvelle. Cet événement eut lieu en 1885 et les restes de l'ancienne Sennar peuvent être vus aujourd'hui encore dans le même état où ils se trouvaient quelques jours après l'entrée des derviches.

La première ville qu'on rencontre après le passage du Nil Blanc est celle de Costi, qui se trouve aux confins de la province de Kordofan, qui est la région la

plus riche de tout le Soudan anglo-égyptien. Costi
fut fondée par un immigré grec et est actuellement
l'un des marchés soudanais les plus importants.

Costi est reliée à Khartoum non seulement par le
Nil mais aussi par une ligne de chemin de fer qui la
relie de même à El Obeïd, la ville principale du Kordofan. Se trouvant au carrefour des principales
routes commerciales, Costi est naturellement devenue
un grand centre et le principal intermédiaire dans le
mouvement commercial soudanais.

La ville se trouve de même au point de partage des
steppes et des forêts vierges. De là jusqu'à El Obeïd,
le train traverse la province fertile du Kordofan sur
un parcours de 320 kilomètres. Cette province se
relève peu à peu des suites de l'insurrection du Mahdi
qui l'a ravagée pendant plus de quinze ans. C'est pour
hâter ce relèvement que les Anglais ont construit la
ligne de chemin de fer de Costi à El Obeïd qui est un
embranchement de celle de Khartoum à Costi.

La distance de Khartoum à Redjaf est de 1 096 kilomètres. Nous nous sommes arrêtés à quelque vingt
endroits, nous efforçant de découvrir tout ce qui pourrait y être intéressant.

Notre yacht quitta le port de Khartoum le matin de
bonne heure et en une demi-heure il contourna le pic
de Raz Khartoum et entra dans le Nil Blanc. Là, à
droite, on voit les vestiges des travaux de fortification

exécutés par l'armée de Gordon pacha en 1885, pendant la défense de la ville contre les mahdistes.

Le Nil Blanc s'élargit là de telle façon qu'il atteint 3 à 4 kilomètres d'une rive à l'autre. Ce n'est plus un fleuve qu'on a devant soi, mais un immense lac aux bords plats où s'abreuvent d'innombrables troupeaux qui se perdent ensuite dans les hautes herbes dont les prés sont couverts. Ce sont naturellement les crocodiles, allongés sur le sable et épiant une proie ou s'agitant dans l'eau, qui attirent le plus l'attention des voyageurs.

Au cinquantième kilomètre de Khartoum, le fleuve commence à se rétrécir et les rives deviennent plus élevées. Elles sont généralement plantées d'acacias et de mimosas qui agrémentent un peu le paysage monotone des plaines sablonneuses. On distingue déjà les collines rocheuses du Djebel Aouli et du Djebel Arach qui ne dépassent pas 100 mètres de hauteur. Le reste, c'est la savane, immenses plaines où paissent les antilopes, les buffles et autres animaux d'élevage de ces contrées.

Le troisième jour, nous arrivâmes à El Doueim. C'est le chef-lieu de la province du Nil Blanc et la population s'en compose principalement d'Arabes de la tribu des Dauglas et des Hassanias. On ne saurait dire si cette localité est une ville ou un grand village. Dans tous les cas, c'est un village très étendu.

On y voit une mosquée construite sur les plans d'un architecte grec et un café tenu de même par un Grec. Les autres maisons sont de la même espèce que dans toutes les localités soudanaises : treillis enduit de terre. C'est pourquoi El Doueim donne plutôt l'impression d'un village que d'un chef-lieu de province.

Cependant, ce village constitue un marché très important pour ces contrées, ce qui m'est, du reste, apparu dès que j'ai appris qu'il s'y trouvait plusieurs Grecs. El Doueim est le dépôt principal du caoutchouc qu'on apporte ici à dos de chameaux pour l'expédier ensuite à Khartoum. En outre, les habitants sont d'excellents agriculteurs et l'on voit le long du fleuve, sur la rive orientale, des champs bien cultivés et ensemencés d'orge, d'avoine, d'ail et d'oignon et de gombos, tandis que la rive occidentale est couverte de forêts d'acacias et de mimosas.

Après une demi-journée de voyage, notre yacht arriva à Kava, chef-lieu d'arrondissement qui se trouve au deux cent quarante-troisième kilomètre de Khartoum. La localité se trouve sur la rive droite du fleuve et est intéressante par ses maisons aux toits en cône. Ces maisons sont très bien construites et la petite ville a tout l'air d'être prospère. Les habitants sont de même des Arabes des tribus des Dauglas et des Hassanias, mais il s'y mêle aussi beaucoup de noirs. L'agriculture est aussi très développée.

Peu après Kava, notre yacht accosta à la pointe nord de l'île Aba. Cette île est très étendue et boisée. Elle s'étend sur 46 kilomètres vers le sud et ses forêts furent propices aux insurgés du Mahdi pour y organiser leur action. C'est de là que le derviche Mohammed Ahmed, surnommé plus tard le Mahdi, partit en guerre en 1883 contre les Anglais et les Egyptiens qui durent sacrifier tant de victimes et d'argent pour ramener la paix.

Vers le milieu de l'île se trouve la localité de Fachi Choïa, d'où le Mahdi était natif. Vis-à-vis de la pointe sud du Nil, sur la ligne du chemin de fer de Khartoum à El Obeïd, se trouve, sur le Nil Blanc, la ville de Costi dont j'ai déjà parlé. C'est près de là aussi que se trouve le point de démarcation entre les Arabes qui habitent le long du Nil Blanc et les nègres qui, à partir d'ici, peuplent aussi bien la vallée du fleuve que l'hinterland. Sur la rive gauche s'étend la patrie des Denkas qui sont l'une des principales tribus du Nil Blanc et dont j'aurai l'occasion de parler plus loin.

En allant de Costi vers le sud, la vallée du Nil n'est, en général, pas cultivée. Les épaisses forêts tropicales s'étendent jusqu'aux rivages et ce n'est que par endroits qu'on voit des champs ensemencés. Dans les ports, les nègres affluent avec leurs marchandises mesquines et c'est principalement par leurs productions chorégraphiques qu'ils cherchent à tirer quelque

argent des voyageurs. Ils dansent et chantent sur des
airs de leur tribu et l'on peut se rendre compte de
leurs mœurs sans s'éloigner du bateau.

En hiver, lorsque les bateaux des compagnies circulent de ce côté, les agences organisent de véritables
représentations d'art nègre, mais comme nous voya-
gions en gens isolés, nous dûmes nous contenter de
productions individuelles.

Le quatrième jour, nous arrivâmes à Renk, une
localité sur la rive orientale du fleuve. Elle est célèbre
par la bataille qui se livra dans ses environs en 1898
entre les derviches et les Egyptiens. C'est l'année de
la victoire des Anglo-Egyptiens sur les Mahdistes. Dès
la prise de Khartoum, les troupes victorieuses se diri-
gèrent par le Nil Blanc vers le sud. Les canonnières
égyptiennes bombardèrent Renk et, naturellement, la
place fut prise. La bataille fut dure, mais les derviches durent prendre la fuite en laissant un grand
nombre de prisonniers. Dans le butin qui tomba aux
mains des Egyptiens se trouvait même un bateau à
vapeur.

Le cinquième jour au matin, nous longions la
chaîne rocheuse de Djebel Ahmed Aga, dont la hauteur ne dépasse pas 100 mètres, mais qui rompt la
monotonie des rivages du Nil et représente par là une
valeur topographique.

La contrée à travers laquelle nous voguions le cinquième jour est principalement une contrée de chasse et de pêche. Mais on remarque que personne ne s'adonne à l'agriculture et pendant toute la journée je ne vis nulle part de champs labourés. Du reste, la nature est ici tellement prodigue qu'il semble superflu de cultiver les terres. Les arbres donnent suffisamment de fruits et la chasse est si abondante que l'alimentation ne représente aucune difficulté pour ces populations primitives.

Mais, malgré tant de gibier, les nègres mangent toute sorte de choses qui nous apparaîtraient comme peu appétissantes et dont ils se font des friandises. Ainsi, les serpents sont considérés ici comme comestibles et constituent un plat de choix.

On les prépare d'une façon assez curieuse. Ayant pris un serpent, on lui attache la tête et on l'immerge dans de l'eau bouillante, puis on laisse cuire. Lorsque la cuisson est faite, la cuisinière prend le serpent par la tête et le secoue au-dessus d'un plat; la chair se détache du squelette qui reste tout entier dans la main de la cuisinière. Suit l'assaisonnement qui est assez compliqué et voilà un mets qui fait la joie des vieux et des jeunes chez les nègres.

A notre droite, sur la rive ouest, quoique les forêts soient très denses et bornent le lit du fleuve, on voit de temps en temps quelque village de pêcheurs, ce qui réjouit un peu l'œil. Par contre, sur la rive

gauche, quoique ce soit le territoire de la tribu des
Denkas, on ne voit aucune habitation, leurs villages
se trouvant à l'intérieur, à plusieurs milles du rivage.
L'aspect général est plutôt celui de contrées inhabitées.

Vers le soir de la cinquième journée, notre yacht
atteignit le village de Kaka, à 656 kilomètres de Khartoum. C'est la frontière nord du territoire de la tribu
des Chillouks qui occupe la rive ouest du Nil sur une
longueur de plus de 3oo kilomètres vers le sud. Ce ne
seront donc plus que des peuplades nègres que nous
pourrons rencontrer dorénavant. Même si l'on rencontre quelque Arabe, c'est toujours un commerçant
ou un fonctionnaire qui ressemble peu aux Arabes
d'Egypte par suite de l'influence du climat et des
mœurs du pays.

La population de ce grand village s'adonne principalement à la pêche et à la chasse, mais elle a aussi
une industrie spéciale qui consiste dans la confection
de pirogues en bois ou en peau qui, tout en étant
très légères, permettent de traverser le Nil facilement
à toutes les époques de l'année.

L'aspect du Nil a énormément changé depuis notre
départ. Tandis que près de Khartoum il ressemblait
a un grand lac, ici il rappelle plutôt une de nos
petites rivières. Les rivages sont couverts de joncs et
presque partout en pente très douce. Vers le soir,
d'innombrables troupeaux de bétail viennent s'y

abreuver et l'animation qui y règne est une véritable distraction pour les voyageurs.

Dans l'après-midi du sixième jour de notre voyage, nous accostâmes à Kodok, le chef-lieu de la province du Haut-Nil. Cette localité fut, pendant l'insurrection des mahdistes, la résidence d'un émir et elle fut occupée, en 1898, par un détachement de soldats français sous le commandement du capitaine Marchand. Cela donna lieu à une controverse entre les gouvernements français et anglais connue sous le nom d'incident de Fachoda. Le capitaine Marchand tint la ville du 10 juillet au 11 décembre de la même année.

Kodok a la réputation d'une ville insalubre et d'un foyer de fièvre paludéenne. Les environs sont très marécageux et, naturellement, les moustiques abondent plus que dans n'importe quelle autre partie du Soudan. Malgré tout, de nombreux Européens s'y sont établis, cette localité étant un centre politique et économique de grande importance.

Kodok est également la capitale de la tribu des Chillouks dont le roi y a sa résidence. Les Anglais, après leur victoire sur les derviches, ont eu la sagesse de laisser aux nègres leurs chefs afin que leurs us et coutumes soient conservés. Les Chillouks ont actuellement la satisfaction d'avoir un roi qui leur rend la justice selon les traditions séculaires qui n'ont pas la réputation d'être particulièrement douces.

Nous restâmes toute la journée dans cette ville et mon premier devoir fut d'aller rendre visite au roi des Chillouks dont la résidence se trouve à proximité de la ville. Je fus introduit au moment où le roi assistait à un jugement. Lorsque j'entrai dans la vaste salle, Sa Majesté noire se leva immédiatement de son fauteuil de jonc et de peau d'hippopotame et vint à ma rencontre, me recevant très aimablement. C'est un homme qui réalise à la perfection l'idée que nous nous faisons d'un diable, mais il faut reconnaître qu'envers ses visiteurs il est tout à fait charmant, tout au moins envers les visiteurs blancs, car il est probable qu'envers les noirs il ait une tout autre attitude, ceux-ci étant ses sujets. Il ne connaît que sa langue maternelle, et c'est pourquoi notre entretien eut lieu par l'intermédiaire d'un interprète. Le roi croyait que j'étais Anglais et l'interprète eut beaucoup de mal à lui expliquer que j'étais Serbe. Puis il fallut lui faire comprendre que c'était là un tout autre peuple qui habite des contrées éloignées de l'Angleterre. Lorsque nous eûmes réussi dans cette entreprise, le roi s'intéressa à ma santé et à mon voyage. Je lui dis beaucoup de bien de son pays et il parut très content.

Pendant notre conversation, on nous servit une infusion de « chimba », plante inconnue en Europe, mais très agréable. Au départ, Sa Majesté me fit présent d'un grand morceau d'ivoire et de plusieurs plumes d'aigrette de grande valeur.

Je ne saurais dire si le roi avait mis ce jour-là son uniforme de gala ou sa petite tenue, le costume qu'il portait m'ayant paru très sommaire; il me sembla cependant que sa garde-robe ne devait pas être excessivement encombrée pour la simple raison que dans son pays on ne s'habille pas. Il avait cependant de très jolies plumes de couleurs vives sur sa tête noire et cela avait tout l'air de lui tenir lieu de couronne. Au demeurant, c'est un homme très riche et la richesse se mesurant ici au nombre des femmes qu'on possède, il suffit de dire qu'il n'en a pas moins de deux cents.

Naturellement, les femmes ne sont pas autre chose, chez les Chillouks, qu'une marchandise qu'on achète et qu'on vend.

Les Chillouks, de même que les Denkas, n'ont aucune religion; ils ignorent même qu'il y ait des croyances en ce monde. Ils vont tout nus et se distinguent les uns des autres uniquement par les cheveux : les Chillouks les coupent (les femmes se font même raser la tête), tandis que les Denkas les laissent pousser et les font arranger par les femmes en forme de chapeau, ce qui leur donne un aspect très original.

Ces gens sont d'une ignorance absolue des moindres choses auxquelles la nature ne les a pas habitués dès l'enfance. Ils sont très méfiants. Lorsque je voulus les photographier, ils prirent tous la fuite comme des forcenés, de crainte que je ne leur enlevasse l'âme par mon appareil. Ils se parent volontiers de bijoux faux et de toutes sortes de pendeloques. Ils portent de multiples bracelets aux bras et aux jambes et les font en fer qu'ils apprécient beaucoup en joaillerie. On obtient d'eux facilement une vache pour un peu de ce métal.

Leur goût diffère sensiblement du nôtre, et, pour ne citer qu'un exemple, je dirai qu'au point de vue de l'eau de toilette ils donnent leur préférence à l'urine de vache. Il paraît que cela donne un velouté spécial à leur peau et dès lors ils en ont fait leur eau de Cologne.

Ces peuples vivent de la façon la plus primitive et s'en tiennent aux mœurs et aux usages transmis par leurs aïeux au cours de milliers d'années. Ils ne savent rien des progrès accomplis dans d'autres parties du monde et n'ont de contact qu'avec les autres peuplades de leur voisinage, principalement lorsqu'ils sont en guerre. La civilisation égyptienne ne les a pas effleurés, d'immenses déserts les séparant du pays des khédives.

Le mariage et l'échange du bétail sont les points principaux de leur juridiction. Les prescriptions sont les mêmes chez toutes les tribus et les fonctionnaires du gouvernement du Soudan exercent un certain contrôle sur la bonne marche de la justice. Ils forment même la plus haute instance juridique et les intéressés ont le droit de porter plainte devant eux s'ils ne sont pas satisfaits des jugements rendus par les chefs de tribu. Mais cela arrive rarement, les nègres préférant s'arranger entre eux.

Naturellement, il n'y a pas de lois écrites. Mais, en revanche, il y a eu de grands juristes, des hommes inspirés dont on est fier et dont la postérité admire l'intelligence et le génie dont les siècles n'ont pu ternir l'éclat. Il en est ainsi du grand cheik Aïouel qui est un véritable Justinien pour la juridiction traditionnelle de ces pays. Ce fut, en effet, un homme qui, par son bon sens, dépassait de beaucoup le niveau de ses congénères et voici un cas dont les nègres ont conservé le souvenir et où il montra beaucoup d'esprit :

« A l'époque du grand cheik Aïouel, rapporte-t-on, la tribu des Denkas était grande et puissante. Les chefs des tribus voisines tremblaient en apprenant que le grand chef était mécontent d'eux et la valeur des guerriers denkas était connue de bien des peuples des rives du Nil Blanc, du Sobat et du Kordofan. La richesse et l'abondance, le butin de guerre et d'innombrables troupeaux faisaient la joie de cette tribu et la concorde régissait les rapports entre hommes sous l'égide du grand chef.

« Le cheik Aïouel savait résoudre chaque litige de telle façon que les deux parties partaient satisfaites.

Sa sagesse et sa perspicacité étaient connues au loin et bien des gens venaient lui demander conseil. Le bon cheik jouissait de l'estime non seulement de son peuple, mais aussi des peuples voisins et il le méritait parfaitement.

« Sa mère lui donna le jour à un âge où elle avait depuis longtemps dépassé l'époque de la procréation. Son père fut le Nil, ou, pour mieux dire, ses grandes eaux. C'est pourquoi son intelligence fut inépuisable comme l'eau du grand fleuve qui nous apporte l'abondance et la prospérité.

« Un jour, au conseil des vieillards de l'Etat du grand cheik, une discussion s'ouvrit sur la question de savoir d'où le soleil venait le matin, et surtout où il allait le soir pour passer la nuit. La discussion fut très animée et très intéressante; les vieillards les plus sages ne savaient donner une réponse exacte à cette question. Même après des journées et des mois de délibération, le conseil ne put se prononcer. Le soleil continuait à faire chaque jour son chemin sur le ciel, mais personne ne savait dire d'où il venait et où il allait.

« Alors, les vieillards se présentèrent devant le cheik dont ils savaient qu'il était sage comme un oiseau et bon comme le Nil, et lui posèrent cette question ardue. Tous tremblaient devant le grand homme et brûlaient d'impatience d'apprendre la grande vérité,

car ils ne doutaient point que le grand cheik ne la
connût. Il était si intelligent !

« Cette fois-ci aussi, les hommes et les femmes de
la grande tribu des Denkas se convainquirent que leur
chef était vraiment un sage.

« Après avoir entendu la question des vieillards, le grand cheik réfléchit un peu, puis il leva
la tête, regarda ces gens et prononça les mots sui-
vants :

« O hommes et femmes de la grande et puissante
« tribu des Denkas, pourquoi vous tracassez-vous tant
« la tête sur cette question puisque vous savez qu'elle
« ne saurait être résolue par les seules discussions et
« la réflexion ? Il faut aller voir. Que ceux d'entre
« vous que cela intéresse le plus et qui sont braves et
« vigoureux partent derrière le soleil et le suivent pas
« à pas. Ils iront longtemps et le voyage sera certaine-
« ment très dur, mais un jour ils découvriront l'en-
« droit où le soleil passe la nuit. Alors ils reviendront
« et diront à leurs compatriotes la grande vérité. La
« tribu des Denkas qui tant de fois se couvrit de gloire
« à la guerre avec ses voisins et dans le rapt de leurs
« femmes, cueillera de nouveaux lauriers. Allez donc
« et voyez de vos propres yeux. »

« Tous les vieillards baissèrent la tête, convaincus
que leur chef était vraiment un sage. Ils se mirent à la
recherche de jeunes gens intrépides et vigoureux qui

suivraient le soleil, comme le cheik l'avait recom-
mandé. Ils en trouvèrent et ceux-ci se mirent en chemin. Ils étaient réputés par leur vigueur et jeunes
comme le matin. En outre, leur perspicacité méritait
tout éloge.

« Leur départ fut un événement considérable. Les
hommes, les femmes, les enfants, tout le monde vint
voir ces héros qui devaient porter la gloire de leur
pays au loin dans les terres étrangères. Le cheik leur
fit ses adieux, entouré de ses filles qui étaient d'une
beauté merveilleuse, et leur souhaita le bonheur dans
leur entreprise, et les musiciens les accompagnèrent
jusqu'à la frontière. Après leur départ, les vieillards
interrompirent la discussion sur la marche du soleil
jusqu'à leur retour.

« Les lunes pleines se suivirent ensuite sans que ces
jeunes gens donnassent signe de vie. La seconde saison fluviale arriva sans qu'ils retournassent.

« Dès années se passèrent en vaine attente. Les vieillards qui avaient ouvert la discussion sur le soleil
étaient déjà tous morts. Il se trouvait même des gens
qui allaient racontant que les émissaires n'osaient
pas retourner dans leur pays, ayant échoué dans leur
mission et n'osant pas affronter la colère du cheik.
Plus les lunes pleines se suivaient dans le ciel, et plus
il se trouvait de gens dans le pays pour prêter l'oreille
à ces affirmations. On finit même par se dire qu'il ne

pouvait y avoir d'autres raisons à l'absence prolongée de ces jeunes gens.

« Cependant, un beau jour, des étrangers apparurent dans le pays des Denkas, venant de pays lointains. Ils demandèrent en pure langue denka si les jeunes gens partis à la recherche du refuge du soleil étaient retournés. Lorsqu'on leur eut dit que ces gens n'osaient certainement pas retourner par crainte des railleries et de la colère du grand chef, ils fondirent en larmes comme si on leur avait volé toutes leurs vaches. On s'étonna et on amena ces gens devant le grand chef, le cheik étant mort depuis longtemps.

« Une grande foule de gens s'était assemblée devant la tente du grand chef, car tout le monde voulait savoir qui étaient ces inconnus qui parlaient la langue denka comme s'ils avaient grandi dans le pays.

« Lorsque le chef sortit pour les voir et leur faire dire qui ils étaient, ils demandèrent immédiatement où se trouvait le bon cheik Aïouel. Lorsque le chef leur eut dit que le bon cheik était mort et que c'était lui qui lui avait succédé, les vieillards s'inclinèrent devant le nouveau maître et devant toute la tribu des Denkas ils dirent :

« C'est nous qui sommes ces gens que le bon cheik
« Aïouel envoya à la recherche du refuge du soleil.
« Nous étions bien plus nombreux, mais pendant notre
« long et pénible voyage beaucoup d'entre nous sont

« morts. Nous sommes partis jeunes et voilà que nous
« revenons comme des vieillards. Ceux qui nous ont
« connus ici sont morts ou nous ont oubliés, et même
« s'ils se souvenaient de nous ils ne nous recon-
« naîtraient pas, car nous avons beaucoup changé. »

« Tout le peuple assemblé fut ému par les paroles de
ces gens qu'on croyait être des étrangers et qui étaient
en réalité des enfants du pays. Quoique les vieillards
qui avaient entamé la discussion sur le refuge du
soleil fussent morts, l'intérêt de peuple denka pour
cette question brûlante n'avait pas faibli. C'est pourquoi le peuple tout entier attendait avec une grande
impatience d'entendre de ces gens la grande vérité.
Ils relatèrent ceci :

« Lorsque nous sortîmes de notre pays, nous mar-
« châmes jour et nuit toujours à la suite du soleil. Nous
« passâmes par des forêts plus grandes et plus envahies
« par les fauves que nos forêts, par des plaines mille
« fois plus étendues que les nôtres et par des montagnes
« dont la hauteur ne saurait être mesurée. La route fut
« longue et dure, mais nous ne nous lassâmes pas, car
« nous voulions absolument savoir où le soleil se réfu-
« gie la nuit. Voyageant ainsi pendant des journées et
« des nuits que nous ne pouvions même pas compter,
« nous arrivâmes devant une mare immense qui
« s'étendait à perte de vue et qui contenait certaine-
« ment beaucoup plus d'eau que le Nil n'en a apporté

« de tout temps dans nos parages. Vous ne pouvez pas
« vous imaginer l'immensité de ces eaux, ô gens de la
« glorieuse tribu des Denkas, qui n'avez jamais vu quel-
« que chose de pareil. Partout, aussi loin que nos yeux
« pouvaient voir, il n'y avait que de l'eau. Mais ce
« n'était pas de l'eau tranquille comme chez nous : elle
« était houleuse et ses vagues écumantes venaient se
« briser en mugissant sur la grève.

« Nous nous arrêtâmes là pour voir ce que ferait le
« soleil. O gens de la glorieuse tribu des Denkas, de
« grands miracles se font en ce monde et vos cerveaux
« ne sont pas capables de les concevoir. Nous vîmes là
« le soleil descendre lentement dans cette eau en deve-
« nant de plus en plus rouge à mesure qu'il descendait.
« Nous n'avons pas pu aller jusqu'à l'endroit juste où
« le soleil entre dans l'eau, mais ce n'était pas néces-
« saire non plus, car on voyait très bien du rivage tout
« ce qui se passait.

« Le soleil s'est couché dans cette eau immense.
« Lentement il descendit du ciel, prit contact avec la
« surface liquide, puis se coucha dans l'eau et disparut.
« Nous restâmes là plusieurs jours en observation et
« nous vîmes le soleil se coucher toujours à la même
« place, ce qui veut dire que c'est bien là, dans cette
« immensité liquide, que se trouve son gîte.

« L'eau dans laquelle le soleil passe la nuit est salée.
« La nuit, pendant que le soleil dort, elle se rue furieu-

« sement sur le rivage, menaçant d'engloutir tous ceux
« qui s'approcheraient d'elle, mais comme les bords
« sont escarpés, elle ne peut que mugir.

« Voilà comment nous avons découvert l'endroit où
« le soleil passe la nuit. Nous avons alors pris le chemin
« du retour pour venir dire toutes ces choses au bon
« cheik Aïouel. »

C'était évidemment un sage, ce bon cheik Aïouel,
et sa bonne foi, son désir de bien faire, ne font pas de
doute. Ce n'est pas sa faute si l'astronomie est une
science si compliquée, mais il faut bien dire que son
attitude vis-à-vis du conseil des vieillards ne man-
quait pas de logique.

Ce fut de même un grand législateur et on lui attribue la plupart des notions juridiques que possèdent
les Denkas et les Chillouks. On trouve chez eux tout
d'abord l'interdiction absolue du mariage entre gens
apparentés. Il fut même un temps où pour des délits
de ce genre la peine de mort était appliquée, mais
avec le temps les mœurs se sont adoucies. Les peines
corporelles furent remplacées en bien des cas par des
amendes. Celles-ci portent toujours sur le bétail. On
confisque un certain nombre de vaches au délinquant
et on les distribue à la tribu. Mais si des particuliers
sont lésés, ce sont eux qui sont dédommagés. Cependant, dans ce dernier cas, le plaignant a le droit de
transiger avec le délinquant et de se faire dédomma-

ger en d'autres valeurs. Du reste, les peines prononcées varient selon les moyens du coupable.

La base de l'organisation sociale chez les Denkas et les Chillouks est la famille. Le chef de famille doit être respecté, principalement par les enfants. Son autorité équivaut à celle d'un supérieur dans l'armée et c'est pourquoi chaque famille représente une unité solide. Il y a de même des associations de familles apparentées qui forment alors un *slans*. Chacune de ces organisations possède un chef qui est d'ordinaire le chef de famille le plus âgé et qui est placé sous l'autorité directe du cheik ou du roi.

Dans l'ancien temps, le cheik rendait seul la justice, mais actuellement c'est le conseil des vieillards qui constitue l'unique instance juridique dans la tribu. Les membres de ce tribunal ne sont pas nommés par le souverain; la vieillesse donne à chacun le droit d'entrer dans le conseil des vieillards, car on considère que tout homme qui a atteint un âge avancé s'est assagi et qu'il mérite de faire partie du conseil suprême. De plus, ce sont les vieillards qui connaissent le mieux les traditions et les coutumes et c'est à eux, par conséquent, qu'on en confie la garde. Le cheik ne peut qu'assister aux délibérations et y prendre part si son âge lui permet d'être membre du conseil.

Le chef de famille tranche tous les litiges de moindre importance entre les différents membres. Le chef du « slans », par contre, n'a qu'une autorité administrative. Mais, tous tant qu'ils sont, à commencer par le conseil des vieillards, n'apportent que des jugements oraux. La raison en est bien simple : personne ne sait écrire.

Quels sont les délits principaux dont les anciens des Chillouks et des Denkas ont à connaître? Les faux en écritures n'ont pas à les préoccuper du moment qu'ils ne connaissent pas le papier et l'encre; de même la propriété littéraire, les protêts, l'expertise en matière de comptabilité. Les différends qu'ils ont à trancher portent le plus souvent sur des questions de partage.

Seul l'homme est apte à posséder; les femmes, étant elles-mêmes la propriété de l'homme, ne peuvent rien posséder du tout. La polygamie étant en honneur, l'homme est propriétaire de ses femmes et de ses enfants tant qu'il ne les a pas mariés. Le fils, dès qu'il est marié, cesse d'être la propriété du père et devient chef de famille. La fille, par contre, cessant d'appartenir au père, passe dans la possession du mari qui paye une certaine indemnité pour elle. En outre, le père est propriétaire des enfants naturels de ses filles.

A ce sujet, il faut faire remarquer que les enfants naturels sont traités beaucoup plus humainement chez ces nègres que chez les Européens : ils sont tout simplement reconnus comme les égaux des enfants légitimes. On en verra du reste les raisons plus loin.

Le père, ou le chef de famille, est de même propriétaire de sa fille si elle a obtenu le divorce ou a rompu les liens avec son mari. Dans ce cas, les enfants lui appartiennent s'ils lui ont été adjugés par sentence, mais dans tous les cas, les enfants nés après le divorce sont sa propriété.

Toutes ces prescriptions sont valables de même pour les esclaves qui sont d'ordinaire des prisonniers de guerre ou des pauvres qui se font esclaves de leur propre gré et deviennent quelque chose de semblable à nos domestiques. Les hommes sont plutôt rares parmi les esclaves, le gouvernement anglais ne permettant pas de retenir, après la fin des hostilités, les prisonniers de guerre, que les adversaires sont obligés d'échanger. Les femmes sont beaucoup plus nombreuses et, en vérité, en devenant esclaves, elles ne font que changer de maître, étant partout considérées comme une propriété échangeable. Le père qui, par exemple, a perdu de la sorte sa fille, ne perd, en somme, que le prix qu'il eût obtenu pour elle de son beau-fils, en la mariant.

De même que les enfants des filles non mariées, les enfants des femmes esclaves deviennent la propriété du maître de la mère, sans aucun égard pour le père. Ces enfants sont très appréciés comme main-d'œuvre et, en outre, les filles se vendent très bien, sous le couvert du mariage.

Le chef de famille est, de même, le propriétaire de
tout ce que possèdent ou gagnent les membres de sa
famille. On excepte cependant de cette règle les vêtements et les parures qui sont la propriété de celui qui
les porte. De même les peaux sur lesquelles dorment
les femmes.

Nous avons dit que la femme ne pouvait pas posséder. Cependant, ce n'est pas là une règle absolue; des cas
se présentent où le mari ne laisse pas de parents après
sa mort et où la femme en hérite, par la force des choses.
Dans ce cas, la femme entre dans tous les droits de
l'homme.

En ce qui concerne le droit familial, il est en étroite
liaison avec la notion de la possession qui a cours
parmi les Chillouks et les Denkas. Nous avons dit que
tous les enfants d'une femme sont la propriété du
mari, sans égard pour le véritable père. Cela semblerait naturel et cependant cette question a donné
lieu chez les nègres à des disputes qui, fort souvent,
se terminaient par des effusions de sang et même par
de véritables bagarres, des particuliers se présentant
comme les véritables pères d'enfants de femmes mariées
et réclamant leurs enfants.

Mais les lois qui régissent la parenté ont encore
d'autres particularités, bien faites pour étonner l'Européen. Nous avons dit que les enfants illégitimes des
filles appartiennent au chef de famille, sans égard pour

le père. Cependant, si, à l'occasion du mariage de la
fille, le père consent à donner ces enfants au mari,
ils deviennent non seulement sa propriété, mais les
garçons obtiennent le droit d'héritage, au même titre
que les enfants issus ultérieurement du mariage. Les
exceptions ne sont admises que par contrat spécial.
Mais, au cas où le mari obtient ces enfants, ils reçoivent son nom et sont considérés devant la loi comme
ses enfants légitimes.

Il y a des choses encore plus étonnantes. En cas de
divorce, si la femme revient chez son père et donne
plus tard le jour à des enfants, ceux-ci portent le nom
du mari divorcé, mais restent la propriété du père de
la femme et ont droit à son héritage. Mais si la
mère se marie de nouveau, les enfants deviennent,
avec la mère, la propriété du mari; portent son nom,
et c'est de lui qu'ils héritent. On ne saurait démontrer
de meilleure façon quel prix on attache aux enfants,
quel que soit leur père.

Outre le divorce total, il existe chez ces nègres
une sorte de divorce partiel qui implique le retour de
la femme au père, mais non pas la remise, par celui-
ci, du bétail qu'il a reçu à l'occasion du mariage. Ce
genre de divorce a lieu lorsque la femme est fautive
et a ainsi provoqué la séparation. Le prix payé pour
le mariage n'est pas rendu parce que le mari reste propriétaire des enfants. Il semblerait que le mari, dans

ce cas, fasse plutôt un marché de dupe, mais ce n'est pas tout. Il lui reste un autre avantage, hautement apprécié : c'est que tous les enfants que la femme pourrait avoir par la suite chez son père deviennent de droit sa propriété, portent son nom et recueillent son héritage, tout comme si le divorce n'avait pas eu lieu. Le conseil des vieillards a, comme il appert, résolu la question à la satisfaction de tout le monde.

On peut se rendre compte à quel point ces peuples ne considèrent le mariage que comme une transaction commerciale, par le fait qu'une femme ayant hérité de son mari dans des conditions l'ayant rendue propriétaire, a le droit de se marier avec d'autres femmes, tout comme eût fait son mari défunt. C'est la plus grande curiosité de la législation des Chillouks et des Denkas. Mais, de plus, cette femme faisant fonction de mari exerce aussi tous les droits du père : ses femmes « légitimes » peuvent avoir des enfants, et, la question du père étant inexistante, ces enfants deviennent sa propriété, portent le nom de son mari décédé et recueillent son héritage.

L'adultère n'est nullement considéré comme une faute. Le principal, pour chacun, est d'avoir le plus d'enfants possible, principalement des filles. Alors, les gens possédant de nombreuses femmes s'arrangent.

Cependant, il y a des clauses restrictives qu'on ne s'attendrait pas à trouver parmi ces gens. Ainsi, le mariage par contrainte est strictement défendu. Nul ne peut obliger une fille à se marier si l'homme qu'on lui propose ne lui agrée point. Le père qui, dans ce cas, userait de contrainte, serait sévèrement puni.

Le mariage même consiste dans la formalité d'échange. Avant tout, le père de la fille et son futur gendre doivent se mettre d'accord sur le prix à payer, le père ayant déjà obtenu le consentement de la fille.

Au jour fixé pour le mariage, le fiancé amène, à l'heure convenue, le bétail qu'il doit remettre au père. Des amis communs examinent ce bétail pour vérifier s'il répond aux conditions fixées. Ceci fait, le bétail est remis au père qui, de son côté, remet au fiancé sa fille qui est ensuite examinée elle-même par les amis communs. Cet examen ne porte que sur le buste et on ne s'explique pas dans quel but il a lieu. La fiancée rend les honneurs aux invités en leur baisant la main.

Il n'y a pas d'autre cérémonie et le mariage a lieu de la même façon dans le cas où c'est une femme qui épouse une autre femme.

La noce quitte la demeure du père pour celle du fiancé avec un bruit infernal de grosses-caisses et de flûtes. Des cris assourdissants partent de tous côtés, le tumulte devient intenable, à tel point que les autorités ont dû interdire de pareilles réjouissances, toute la ville étant ameutée, à cause d'une noce.

Le cas suivant que j'ai pu observer, et qui se répète très souvent, est caractéristique pour les mœurs de ces tribus :

Un nègre est mort, ne laissant ni enfants ni parents mâles qui puissent, de droit, recueillir son héritage. Sa veuve est restée avec une fille et le conseil des vieillards, suivant la coutume, l'a déclarée héritière universelle des biens de son mari. Elle devient en même temps propriétaire de sa fille, qui, jusque-là, était comme elle-même la propriété du chef de famille.

Lorsque la fille fut en âge de se marier, la mère la donna pour dix vaches. Pour huit de ces vaches, la mère se maria avec une autre femme, et, par les œuvres d'un de ses esclaves, eut d'elle un fils et deux filles. Ces enfants, portant le nom du mari défunt de la veuve, grandirent et parvinrent à l'âge nubile. La veuve maria les deux filles et obtint pour elles dix vaches. Entre temps, les deux vaches qui lui étaient restées ayant donné deux veaux, elle se vit en possession de quatorze têtes de bétail, réalisant ainsi un bénéfice appréciable, la femme restant de même sa propriété.

Mais la médaille a son revers. Il y a l'affaire du fils. Lui aussi il est assimilé aux enfants légitimes, il porte le nom de l'homme qui est mort des années avant sa naissance et il a le droit de recueillir son héritage.

Il arriva donc que ce fut lui qui fut proclamé héritier

universel, possesseur de tous les biens et de toutes les âmes, y compris la veuve, qui, de maîtresse absolue, devint une simple propriété du nouveau maître.

En tout cela, il n'est jamais question du père de l'enfant. Pour les services qu'il a rendus, on lui donne d'ordinaire quelque cadeau, à moins qu'il n'y ait eu choix spécial ou promesse formelle. Mais, en aucun cas, il n'a droit à aucune réclamation.

Il y a encore d'autres surprises possibles, en matière matrimoniale, chez ces gens qui sont vraiment originaux. Il arrive souvent que le fiancé ne puisse pas payer comptant le prix exigé par le père. Dans ce cas, celui-ci lui fait crédit, mais, si au délai fixé le payement n'a pas eu lieu, le père est en droit de reprendre sa fille. Dans ce cas, si elle a eu déjà des enfants, le père est tenu de rendre au mari les vaches qu'il a données, de même que tous les veaux qui ont pu naître chez lui. La loi considère, en effet, que la femme reprise avec des enfants revient plus riche qu'elle n'est partie et qu'il est juste, dès lors, qu'en compensation, le bétail soit rendu de même avec sa progéniture.

Il est très naturel, puisqu'on attache un tel prix aux enfants, qu'on ait prévu le divorce de droit dans le cas où la femme serait stérile. En effet, si, au bout de deux ans, elle n'a pas eu d'enfant, le mari est en droit de la renvoyer chez son père, qui, dans ce cas, doit lui rendre le prix payé ou lui donner une autre

de ses filles en mariage, s'il en a. Il en serait de même
dans le cas où la femme mourrait avant d'avoir mis un
enfant au monde, ou bien, ayant donné un enfant,
celui-ci et la mère mourraient dans les deux ans suivant le mariage.

On spécule aussi beaucoup avec ces différentes coutumes, principalement avec les toutes jeunes filles
n'ayant pas atteint l'âge nubile. Ces enfants, mariées,
quittent la maison du mari dès qu'elles ont eu un
enfant et reviennent dans la maison paternelle. Le
mari se console, un enfant lui restant de droit. Le père,
par contre, marie sa fille de nouveau, encore plus
cher que la première fois, car il est à noter que les
femmes ayant donné la preuve de leur fécondité sont
plus recherchées que les autres. Mais le comble de la
chance pour le père serait que sa fille eût encore un
autre enfant après la séparation d'avec son mari. Dans
ce cas, on exige des sommes exorbitantes.

J'obtins tous ces renseignements sur les mœurs
bizarres des Chillouks et des Denkas du préfet de
Kodok qui est, naturellement, très bien renseigné sur
les faits et gestes de ses administrés. En outre, par
mes visites au roi et au préfet, je gagnai aussi les sym-
pathies des indigènes. Je réussis même à les photographier, ce qui ne fut pas du tout aisé, ces gens, comme
je l'ai dit, ayant une peur atroce de perdre leur âme si
leur aspect est reproduit sur le papier. De toute évi-

dence ils craignent que leur âme ne quitte leur corps
et vienne animer leur propre image, qu'ils croient
obtenue par des moyens diaboliques.

Naturellement, mes compagnons suisses et moi nous
ne manquâmes pas de distribuer à profusion la came-
lote qu'on vend à Khartoum à leur intention. Ce sont
des glaces, des pendeloques, des rubans, des bracelets, toute sorte de pacotille qui, tout en ne valant rien,
les remplit de joie.

L'argent est peu connu dans ce pays où le bétail,
très abondant, constitue le principal moyen de payement. Tous, même les plus pauvres, possèdent ici des
centaines de vaches, de bœufs, de moutons et de
chèvres, qui, par leur multiplicité même, s'obtiennent
à très bas prix. L'abondance du bétail s'explique par
l'immensité des pâturages qui sont très fertiles.

Je n'ai pas vu de gens fumer dans ces contrées, ce
qui ferait croire qu'ils ignorent l'existence du tabac.
En général, ils sont très robustes et ne recherchent
jamais le médecin. Lorsque quelqu'un est malade, il
se couche et reste sans manger. Selon la nature de la
maladie, il meurt ou il guérit, mais, la plupart du
temps, leur organisme solide a raison de la
maladie.

Les conceptions morales des Chillouks et des Denkas diffèrent sensiblement des nôtres, mais ne manquent pas d'originalité. Ainsi, au point de vue des rap-

ports sexuels, ils connaissent trois sortes de délits :
l'inceste, l'adultère et le rapt. Pour chacun de ces
délits, leurs coutumes déterminent des peines qui
reflètent exactement l'état de leur sensibilité.

Tout d'abord, il faut noter cette conception qui leur
fait honneur : quel que soit le délit, jamais la culpabi-
lité n'est rejetée sur la femme ; le coupable, dans tous
les cas, c'est l'homme. La femme ne saurait être res-
ponsable ni punie, même si elle a provoqué l'homme.

Dans chacun des trois délits, on distingue trois
degrés d'après lesquels on mesure la peine : s'il n'y
a pas eu de conséquence, c'est une simple séduction ;
si elle a eu un enfant, c'est un cas plus sérieux, et si
elle est morte à l'accouchement, c'est un délit très
grave.

La simple séduction n'est pas considérée comme un
délit proprement dit. Les Anglais, qui ont le contrôle
de la justice, exigent, dans l'intérêt des bonnes mœurs
et en vertu des coutumes indigènes mêmes, que ces cas
soient punis, mais cela arrive quand même assez rarement. S'il y a eu flagrant délit, l'homme doit prouver
devant la cour qu'il n'était, à aucun degré, apparenté
avec la femme. Celle-ci, étant considérée comme irres-
ponsable, n'est pas inquiétée. Sur la demande du maître
de la femme, le délinquant est condamné d'ordinaire
à lui donner une vache ou quelques brebis.

Si la femme a eu un enfant des suites de l'adultère,

l'enfant appartient au maître de la femme, mais, l'acte ayant eu lieu sans son autorisation, il est en droit de demander même une indemnité qui consiste dans le don d'une à cinq vaches.

Dans le cas de mort à l'accouchement, l'enfant reste de même la propriété du maître de la femme, mais le délinquant doit en outre rembourser la valeur de la femme qui est évaluée de huit à dix vaches, pour lesquelles l'homme lésé peut se procurer une autre femme.

L'inceste est considéré comme un délit fort grave, car le préjugé veut que quelqu'un de la famille doive mourir des suites de ce péché, même s'il n'y a pas eu de conséquence pour la femme. L'homme est condamné à donner au maître de la femme une vache et d'offrir un taureau en sacrifice. On y ajoute certaines formalités d'expiation qui n'entraînent pas de nouveaux frais pour le délinquant. La peine est fortement aggravée au cas où la mort d'un membre de la famille surviendrait après le délit.

Les cas d'adultère ne sont poursuivis que sur la plainte du mari qui demande un dédommagement parce que l'affaire a eu lieu sans son consentement et que le délinquant n'a pas voulu s'arranger à l'amiable. Mais ces cas sont plutôt rares. D'ordinaire, et dans le but d'avoir des enfants, le mari prête la femme à quelqu'un de ses amis. Il arrive même que la cour de jus-

tice décide que la femme soit mise en relations avec
d'autres hommes lorsque le mari accuse celle-ci de
stérilité et demande le divorce. La simple affirmation
du mari ne suffit pas et la justice veut avoir des
preuves sûres et certaines ; elle sait qu'une femme peut
ne pas avoir d'enfants avec un homme et en avoir
avec d'autres.

La veuve ayant hérité de son mari et s'étant mariée
avec d'autres femmes, peut, aussi bien qu'un homme,
porter plainte pour adultère et, dans ce cas, c'est à
elle que revient l'indemnité.

Dans tous ces délits de séduction, d'adultère et d'inceste, le mari ne peut poursuivre que l'homme délinquant : il n'a aucun recours contre la femme. A quelque point qu'elle lui soit infidèle, il n'est pas en droit
de demander le divorce : c'est en somme une affaire
qui ne le regarde pas. Du reste, d'après les conceptions des Chillouks, une femme infidèle est une source
de richesse puisqu'elle a beaucoup plus de chances
d'avoir des enfants qu'une autre. C'est pourquoi la loi
ne permet pas au mari d'accuser une femme pareille.

Le délit le plus grave, c'est le rapt ou le viol. Il n'y
a que deux degrés pour l'évaluation de la peine : le
viol des filles et celui des femmes mariées.

Le viol d'une fille est un délit très grave et entraîne
la peine de mort et parfois la confiscation de tous les
biens. Ce sont les frères de la jeune fille qui se chargent

d'ordinaire de l'exécution de la peine. Cependant, si le délinquant appartient à une famille riche et puissante, la peine n'est pas aussi sévère et se résout en une forte indemnité. Naturellement, l'affaire peut s'arranger à l'amiable par le mariage, mais, dans ce cas, le délinquant doit payer le prix fort, étant à la merci du maître de la jeune fille. Il faut ajouter que les Anglais ont mis un peu d'ordre dans cette affaire et que la peine de mort pour le délit de viol est abolie partout où ils exercent le contrôle de la justice.

Une veuve ne peut jamais se remarier avec un homme. Si elle est devenue maîtresse des biens du défunt, elle a le devoir de se marier avec des femmes et de s'arranger pour que celles-ci aient des enfants auxquels passera l'héritage. Mais ces femmes ainsi mariées sont considérées elles-mêmes comme veuves et comme propriété du défunt. Elles ne peuvent pas se marier et ne sauraient, selon nos conceptions, avoir que des enfants illégitimes ; selon les conceptions nègres, ces enfants sont parfaitement légitimes puisque la mère est mariée à une femme qui leur tient lieu de père en l'absence de son mari défunt.

Cela, naturellement, est la règle pour les gens aisés. Chez les pauvres, nous voyons un cas curieux qui se présente fréquemment : l'homme décédé dont la veuve a hérité a laissé peu de bétail. Sa femme doit se marier avec une autre femme afin de pourvoir à un héritier mâle. Elle a donné pour cette femme le peu de bétail qu'elle avait et elle a obtenu de la sorte un garçon. Celui-ci grandit mais reste pauvre et ne peut pas se marier à son tour. Que va-t-il faire maintenant? Il marie tout simplement sa mère et, pour le bétail obtenu, prend une femme.

Il est intéressant de constater que les vols sont rares parmi ces gens, quoique les lois soient peu sévères à cet égard.

Les vols peu importants sont punis d'une petite indemnité. Lorsqu'il s'agit d'un pauvre qui n'a pas de quoi payer, l'indemnité est perçue à l'occasion du premier mariage dans la famille, lorsqu'elle a touché le prix de la fille.

Les peines appliquées pour coups et blessures consistent toujours en indemnités payables en bétail. Afin de faciliter l'affaire, on a établi un tarif applicable automatiquement. C'est ainsi que pour des blessures graves à la tête, on doit donner un veau; pour un bras cassé, une vache ; mais pour une jambe cassée, c'est déjà cinq vaches qu'il faut donner. Les blessures légères sont punies dans la même proportion, mais en moutons.

Les assassinats n'entraînent de même pas d'autre peine que l'indemnité en bétail qui, cependant, n'est pas fixée d'avance, mais qui consiste d'ordinaire en cent vaches. Cependant, il arrive fort souvent que

l'assassin refuse de payer, alléguant qu'il a été provoqué. Dans ce cas, c'est la « vendetta » qui tranche
la question et qui sévit parmi les nègres comme une
épidémie, malgré les efforts des autorités anglaises
pour l'enrayer.

Le nègre condamné à payer une indemnité pour
coups et blessures peut aussi s'acquitter par le « sacrifice de paix », qui consiste en un festin auquel sont
conviés les membres de la famille lésée et où l'on consomme les bestiaux adjugés. Ce sacrifice de paix a, de
même, lieu à l'occasion de l'expiration d'une vendetta,
pour la réconciliation des parties adverses.

Ce qui étonne, c'est la différence énorme entre le
prix payé pour un homme et une femme assassinés.
Tandis que l'homme vaut de quatre-vingts à cent
vaches, la femme est évaluée uniformément à huit
vaches. Un juge nègre m'a expliqué que cela prove-
nait de ce que les tribunaux nègres n'admettaient pas
qu'un homme puisse tuer intentionnellement une
femme. Par conséquent, on fait payer au délinquant la valeur d'une femme sur le marché.

Cependant, si la femme tuée constitue une pure
perte pour le meurtrier, c'est-à-dire si celui-ci est son
maître, son père ou son frère, la justice n'a pas à se
mêler de l'affaire qui est purement familiale. En effet,
le juge m'a expliqué que dans ce cas, il a dû y avoir
forcément un cas de force majeure, car qui irait tuer

une femme valant huit vaches et subir ainsi une pure
perte, s'il n'a pas été contraint à cet acte par la force
des choses? Et s'il lui plaît de perdre huit vaches, en
quoi cela pourrait-il regarder la justice?

Si l'on prend en considération que l'infidélité,
mobile principal des assassinats de femmes chez nous,
n'existe pas chez les nègres comme délit, mais plutôt
comme un bien social, le point de vue du juge indigène est parfaitement logique.

Dans les cas contestés, la personne suspectée doit
prêter serment. Dans chaque famille, il existe un javelot que l'on considère comme sacré et qui porte le
nom de *Fang Jot*. On apporte ce javelot devant les
juges et les cas de faux serment sont très rares, étant
donné que les nègres sont très superstitieux et que leur
croyance en la toute-puissance du javelot, aux mal-
heurs qu'entraînerait sa profanation, est sans bornes.

Notre séjour à Kodok fut donc très instructif et intéressant. Nous partîmes, mes compagnons et moi, parfaitement satisfaits et dans le meilleur espoir de voir
des choses bien plus curieuses encore, dans ce monde
noir.

La première localité dans laquelle nous arrivâmes
fut Malakal. C'est le chef-lieu d'une province et le
siège du gouverneur. Dès notre arrivée, nous allâmes
lui rendre visite et il fut tout heureux de voir des
hommes blancs dans sa ville à cette époque de l'année,

Quoique notre visite eût plutôt un caractère de cour-
toisie, il nous retint à déjeuner. Sa femme fut de même
fort heureuse de se trouver en société d'hommes blancs
et nous passâmes chez eux quelques heures fort
agréables.

Pendant la sieste, qui est ici de rigueur à cause de
la chaleur, et aussi parce qu'on dort très mal la nuit,
les soldats firent les préparatifs pour une chasse. Nous
prîmes le chemin de la steppe dès que l'atmosphère
se fut un peu rafraîchie, le soir. Il est incroyable jusqu'à quelle hauteur l'herbe pousse dans ces steppes
et comme elle est touffue. Nous l'avions déjà remarqué de notre yacht, principalement lorsque l'herbe
ondoyait au passage d'un animal, mais nous ne pouvions pas nous faire une idée exacte de ce que c'était
en réalité. En effet, c'étaient plutôt des forêts d'herbes
que des prés et nous ne pouvions circuler que dans les
sillons que les animaux avaient déjà tracés.

Nous attendîmes le gibier au bord de l'eau.
L'heure était propice et nous nous mîmes en embuscade. Il n'y avait pas lieu d'être trop confiant dans les
hôtes de ces steppes, car ce sont surtout les serpents
et les scorpions qui y abondent. Par bonheur, nous
n'attendîmes pas longtemps. Deux antilopes survin-
rent, venant s'abreuver au bord de l'eau. Elles regar-
dèrent anxieusement de tous côtés, puis s'avancèrent
sur le terrain découvert. Nous attendîmes encore quel-

ques instants, puis notre hôte anglais commanda :

— Un, deux, trois !...

Nous fîmes feu et, immédiatement après, nous entendîmes trois autres coups de feu : c'étaient les soldats qui avaient tiré sur l'autre antilope. Toutes deux s'étendirent par terre, celle que nous avions visée ayant reçu une balle en plein front.

Nous retournâmes à la maison, les soldats portant le gibier auquel nous pûmes faire honneur à dîner, qui fut très appétissant, nos estomacs ayant dû s'accommoder, depuis Khartoum, uniquement de conserves.

Nous continuâmes le lendemain à remonter le Nil qui s'était déjà énormément rétréci et ne faisait plus l'effet que d'une petite rivière. Ce sont toujours les immenses herbages qui s'étendent à perte de vue sur les bords, de véritables paradis pour le chasseur. Mais, à quoi bon chasser dans ces contrées? La viande n'est pas en haute estime à cause des grandes chaleurs et les peaux ne peuvent être exportées qu'avec de grandes difficultés, pour être ensuite vendues à vil prix à Khartoum.

Le huitième jour après notre départ de Khartoum, nous arrivâmes à l'embouchure de la rivière Bahr-el-Zerafa, qui se jette dans le Nil. Ce nom ne signifie pas autre chose que « la rivière des girafes », qui indique que dans le cours supérieur de cette rivière, il y a de grandes quantités de ces animaux. Peu après, nous arrivâmes au lac No qui est formé par la rencontre, au même endroit, du Nil avec ses deux affluents : le Bahr-el-Djebel et le Bahr-el-Ghazal. Cette dernière rivière porte le nom des gazelles qui vivent sur ses bords. La largeur en atteint jusqu'à 150 mètres. Les territoires riverains sont habités par la tribu des Nouers dont le domaine s'étend sur environ 80 kilomètres. Ce n'est qu'après cette vaste étendue qu'on parvient aux forêts tropicales peuplées principalement par les éléphants. Cependant, ces animaux ne craignent pas de descendre dans la vallée et on en voit même souvent quelques-uns sur les bords du Nil.

La chasse aux éléphants est réglementée dans le Soudan, afin de les préserver contre l'extermination, comme c'est arrivé dans d'autres colonies, principalement en Afrique du Sud.

La rivière Bahr-el-Ghazal est navigable pendant encore 150 kilomètres en amont du lac No, jusqu'à Mechra-er-Rek. C'est une localité qui a des environs très insalubres.

Le treizième jour de notre voyage sur le Nil Blanc, nous arrivâmes à Bor, chef-lieu d'arrondissement sis dans une contrée très fertile et où se trouvent des plantations de caoutchouc appartenant à l'Etat. C'est aussi la dernière localité de la tribu des Denkas. A partir de là, nous nous trouverons dans la tribu des Boris.

# CHAPITRE VI

# L'Ouganda, le lac Albert, Massinda
# et le lac Kiodja, le lac Victoria, Mombaz

Mombaz, le 3o juin 1923.

Parti de Redjaf avec mon escorte, j'eus à traverser
une région des plus sauvages. Partout ce ne sont que
des forêts vierges ou d'immenses vallées couvertes
d'herbes touffues à travers lesquelles on ne peut que
suivre les sentiers formés par le passage des éléphants
ou d'autres animaux et toujours la boussole à la main.

Les maisons dans lesquelles habitent les indigènes
sont en jonc et généralement très petites, de forme
ronde ou en coupole, mais avec des entrées tellement
basses qu'on ne peut s'y introduire qu'en rampant.
Il n'y a là rien d'étonnant, car ces gens ne font que
ramper à l'intérieur de leurs habitations et même
dehors ; c'est pourquoi, la peau de leurs genoux est
plus durcie que celle de la plante des pieds. Au milieu
de chaque case, un feu brûle en permanence, le jour

et la nuit, et tout autour on voit de nombreuses pierres tombales, car chaque famille enterre ses morts autour de sa case. Ce n'est que plus loin que se trouve la cour proprement dite, et c'est là qu'on voit ordinairement les nègres accroupis, en train de faire des palabres et de philosophailler. Tous fument, hommes, femmes et enfants. Ils ne se rasent pas, mais frottent leur barbe avec une herbe dépilatoire qui les rend imberbes.

Ils ne savent pas préparer le pain et mangent les légumes dont ils se nourrissent presque crus.

Heureusement, il n'en est pas de même dans tout l'Ouganda et, plus on pénètre dans le pays, plus les gens paraissent intelligents. Il faut cependant assez de temps pour parvenir dans ces contrées.

Ce grand territoire se trouve sous le protectorat anglais et est divisé en plusieurs royaumes ayant à leur tête des rois indigènes.

Nous avions réparti les bagages de telle façon que chaque nègre eût à porter 25 kilogrammes. Ils portaient tous cette charge avec beaucoup d'adresse et marchaient librement comme s'ils n'eussent rien eu sur la tête. Ils portaient rarement la main à leur fardeau et c'était principalement lorsque le vent commençait à souffler.

La première journée, nous ne couvrîmes que 20 kilomètres, ce qui ne fut pas pour me satisfaire, car je désirais faire cette partie de la route le plus vite possible. Il fut impossible, cependant, d'accélérer la marche à cause des porteurs.

Vers le soir, nous arrivâmes dans le village nègre de Chindou dont les cases de jonc et de feuilles sont à peine visibles dans la forêt. J'avisai un palmier assez haut et installai ma tente au-dessous, mais à peine avais-je mis mon gîte à point que le chef nègre, un vieillard à barbe blanche, vint à moi avec quelques hommes.

Ses compagnons restèrent à quelque distance, et lui, s'approchant de moi, se mit à me saluer en s'inclinant profondément. Comme il parlait beaucoup plus longuement qu'il n'était nécessaire pour les saluts d'usage, je prêtai l'oreille pour voir si je ne saisirais pas quelque mot qui me fît comprendre le sens de ses paroles. J'entendis en effet le mot « fantasia » et je fus renseigné. Ces gens voulaient se livrer à leur divertissement favori, et, comme il y avait un blanc parmi eux, ils venaient lui en demander la permission.

Le soldat qui m'accompagnait m'expliqua que, en réalité, il s'agissait d'une noce et qu'à cette occasion on voulait faire un peu de musique.

J'étais curieux de voir les instruments dont se servent les nègres dans ce pays, mais je fus grandement déçu. Quelques bidons de pétrole et des grosses caisses de bois non raboté composaient tout l'outillage des

artistes dont nous allions avoir à apprécier la virtuo-
sité. Il est à remarquer que tous ces instrumentistes
n'ont pas de baguettes, mais tapent avec leur main, et,
d'autre part, il faut bien croire que tous les nègres
ne sont pas capables d'en faire autant puisque ce sont
toujours les mêmes qui tapent et que, de plus, ils se
font applaudir, ce qui, dans le pays, s'exprime par des
baisers sur les yeux.

Les formalités du mariage ne sont pas très compli-
quées. Le fiancé, ou, pour mieux dire, l'acheteur de
la jeune fille, amène le bétail qu'il doit remettre au
père et qui, cette fois-ci, consistait en quinze chèvres.
Tout le village s'était rassemblé sous un grand arbre,
les hommes portant leurs javelots et leurs boucliers,
les femmes avec leurs enfants qu'elles portent sur le
dos dans une peau de chèvre.

Le chef de la tribu, qui exerce simultanément les fonc-
tions de roi, de maire, de juge et qui sait quoi encore,
examine les chèvres et, lorsqu'il s'est convaincu que
tout correspond aux conditions fixées, il les remet au
père de la fiancée, puis passe à l'examen de la poitrine
de la jeune fille, ce qui est de rigueur dans toutes les
peuplades nègres ; ensuite, il la remet à son nouveau
maître qui l'embrasse plusieurs fois et la présente aux
assistants, auxquels elle baise la main et la touche
du menton. La cérémonie est ainsi achevée, après quoi
commencent les réjouissances.

On apporte un baquet plein d'un liquide jaune et que les nègres boivent avec délices, malgré son goût fade. Quoiqu'il n'y ait que 4 p. 100 d'alcool dans cette boisson, les nègres furent tous ivres en très peu de temps.

C'est alors que l'orchestre se mit à faire des siennes. Un tintamarre épouvantable me rendit la vie vraiment dure cette nuit-là. Les nègres, par contre, étaient enchantés de cette production musicale et dansaient en rond en se tenant par la main. Comme il faisait nuit et qu'ils ne connaissent aucun autre moyen d'éclairage que de faire flamber des branches de bois résineux, une lueur rouge d'incendie s'étendit sur cette foule déchaînée en lui donnant un aspect sinistre. Tous ces hommes et femmes complètement nus, sautant et hurlant comme des bêtes féroces aux sons des bidons de pétrole fêlés, apparaissaient comme des personnages d'un cauchemar diabolique qui ne saurait hanter un cerveau d'Européen que dans ces contrées tropicales.

Je dis au soldat de m'apporter mon fanal et lorsque je l'allumai, tous cessèrent de danser, la musique se tut, et je fus entouré par les nègres ébahis devant le miracle d'une bougie allumée. Mais, lorsque je sortis ma lampe électrique de poche et la fis luire, ce furent des exclamations de stupéfaction : « Salam ! Salam ! » et tous ces sauvages prirent la fuite comme si tous les démons de l'enfer étaient apparus devant eux. J'eus de la peine pour les calmer et les persuader que l'appareil était inoffensif. C'est avec une expression d'angoisse que les plus braves commencèrent à se rapprocher de moi, suivis ensuite par les autres. Cependant, cela ne m'étonna pas outre mesure, car j'avais déjà vu qu'ils faisaient du feu en frottant deux morceaux de bois sec jusqu'à ce qu'ils prennent feu.

Malgré mon désir de rester éveillé parmi ces sauvages ivres qui pouvaient à chaque instant devenir furieux, je dus me retirer dans ma tente vers dix heures pour prendre tant soit peu de repos, après une journée de marche et le mal de tête que me valut leur musique. Mais, à peine avais-je commencé à m'assoupir que je me sentis remuer par l'épaule. C'était le soldat qui venait me réveiller pour me dire que les nègres demandaient la permission de continuer la « fantasia ». Je lui dis qu'ils pouvaient faire ce qu'ils voulaient à condition de s'éloigner de ma tente, ce qu'ils firent avec la plus grande satisfaction, car les Anglais n'autorisent pas ces réjouissances trop fréquemment. En effet, les nègres ne feraient pas autre chose que d'organiser des fantasias, car ils dorment toute la journée à l'ombre de quelque arbre et passent la nuit à boire et à danser, ce qui se termine souvent par des rixes sanglantes.

C'est la femme, chez eux, qui accomplit tous les

travaux aux champs et à la maison, et c'est pourquoi le nègre doit payer pour elle, lorsqu'il se marie. Cependant, il faut dire aussi que les femmes non plus n'ont pas grand'chose à faire et qu'elles sont aussi paresseuses que les hommes. Chose curieuse, la vie amoureuse de ces nègres diffère grandement de ceux du Soudan. Tandis que là-bas la femme n'est qu'un objet ayant une certaine valeur et qui n'inspire jamais aucun sentiment, à qui l'on demande de procréer et qui doit s'arranger comme elle peut pour arriver à cette fin, ici, on peut être témoin de certaines manifestations sentimentales.

C'est ainsi que sur la route, près de la ville de Gondokoro, j'eus l'occasion de voir, dans la tribu de Jangva, une femme qui avec une pierre donnait des coups répétés sur la tête d'un malheureux qui supportait ce traitement brutal sans protestation aucune. On m'expliqua que l'infortuné était son mari et qu'elle le maltraitait ainsi pour s'assurer s'il l'aimait ou non. Dans le premier cas, il serait docile et la douleur lui serait douce, provenant d'une main aimée; dans le second, par contre, il se rebifferait, n'admettant aucune autorité de la femme sur sa personne.

Très passionnés, ils vieillissent vite. Le climat les fait développer rapidement, mais les use aussi beaucoup plus vite que dans les climats tempérés. A onze ans, un nègre de ces contrées est un homme à marier,

mais à quarante ans c'est 'un vieillard et peu de gens
atteignent cet âge.

Nous sommes ici dans le pays de la maladie du sommeil. Elle a existé de tout temps, mais c'est seulement
au cours des dernières trente années qu'elle a sévi de
façon épidémique, avec une force particulière. Il est
évident que cette recrudescence, comme c'est le cas
pour toutes les maladies, est en connexion avec les conditions atmosphériques et climatériques. De 1898 à
1906, la maladie du sommeil a fait environ deux cent
mille victimes dans l'Ouganda.

On sait que cette maladie est véhiculée par une
mouche à laquelle on a donné le nom de tsé-tsé. Les
savants ont remarqué qu'elle abondait surtout aux
abords des rivières et dans les contrées marécageuses.
Les autorités anglaises réussirent à enrayer l'épidémie
dans une grande mesure en transférant les villages et
les habitations des indigènes dans des contrées plus
salubres et moins humides.

L'effet que produisit cette mesure radicale sur le
cours de la maladie est d'un grand intérêt. C'est ainsi
que, d'après les données que j'ai obtenues à Eutèbe,
ville sise sur le lac Victoria et capitale du royaume
nègre de Bouganda, le nombre des victimes de la
maladie du sommeil, dans ce royaume qui compte
environ 250 000 habitants, fut, en 1905, de 8.000.
L'année suivante, après l'évacuation des contrées maré-

cageuses, ce nombre descendit à 6 500, et, en 1913, il se trouvait abaissé au-dessous de 1 000. En 1915, malgré la guerre, 352 personnes seulement moururent de cette maladie, et, en 1917, les statistiques n'indiquent plus de chiffres, le nombre des victimes ayant été insignifiant.

Une chose intéressante, c'est que cette maladie, si redoutable pour les nègres, est pour ainsi dire inexistante pour les blancs. En effet, la mouche tsé-tsé n'aime pas se poser sur des objets de couleur claire. Il suffit donc à l'Européen de porter des vêtements blancs pour pouvoir traverser sans crainte les pays les plus exposés à la maladie, tandis que son domestique noir, qui fera toute la route avec lui, ne pourra jamais se débarrasser de ces mouches qui l'assailleront en essaims. Cependant, vu la gravité de la maladie, aucune mesure de précaution n'est superflue. C'est ainsi qu'on recommande aux fonctionnaires anglais de planter, tout autour de leurs habitations, un arbuste à fruits ressemblant au citron et qui a la propriété de chasser la mouche tsé-tsé. Au moyen de cet arbuste, les villes d'Eutèbe et de Kampala, ainsi que d'autres localités, sont parfaitement protégées contre ce terrible insecte.

Mais ce n'est pas seulement la mouche tsé-tsé, malheureusement, qui transmet la maladie du sommeil. Il en est une autre espèce, la mouche *glossina mor-*

*sitans,* fréquente spécialement en Rhodesia, qui est aussi
dangereuse que la première, avec cette atténuation
qu'elle vit en essaims et qu'elle est, par suite, plus
facile à détruire.

Il ne faudrait pas croire que les animaux soient
préservés de la maladie du sommeil. Ils y sont encore
plus sujets que les hommes. Les épizooties font parfois
de tels ravages que, hormis les ânes et les chèvres, qui
sont naturellement immunisés contre la maladie,
il ne reste dans tout l'Ouganda que de rares exemplaires
des autres animaux domestiques. Toute une pléiade
de vétérinaires européens a été appelée pour parer à
ce fléau.

Nous passâmes la seconde nuit au village de Goum-
bouri, sans aucun incident. Nous étions passés par des
montagnes boisées et sillonnées de torrents qui nous
ont donné assez de mal pour les traverser. Le climat
diffère sensiblement de celui du Soudan. D'abord, les
pluies sont beaucoup plus fréquentes et abondantes et
la température plus tempérée, quoique encore insupportable pour un Européen.

Le lendemain matin, lorsque je fus prêt pour le
départ, les indigènes m'apportèrent un immense serpent en souvenir de mon passage dans leur pays.
C'était vraiment un magnifique exemplaire de *boa
constrictor* de 12 mètres de longueur. Je fis équarrir
le reptile, ce qui fut un travail assez long. Naturelle-

ment, je laissai la viande aux nègres qui la mangèrent avec délices. Ce n'est qu'après ce banquet que je pus partir.

Une heure à peine après mon départ, une pluie torrentielle s'abattit sur nous. Nous dûmes nous abriter sous la tente et attendre assez longtemps, les nègres n'aimant pas voyager après les pluies, parce que les fauves sont très excités et cruels à ce moment. Comme nous devions aller à la file par les sentiers, ils craignaient de devenir facilement la proie de quelque lion ou de quelque buffle.

Tard dans la soirée, nous arrivâmes dans le village de Kayo-Kayi, où nous trouvâmes tous les habitants dansant et s'égayant, comme si c'était jour de fête nationale. Dès que le chef de tribu apprit que j'étais arrivé, il vint me trouver et resta longtemps en conversation avec moi. Je fus surpris de l'aménité de ce chef nègre. Il m'offrit ses gens pour le cas où je voudrais aller à la chasse le lendemain, ce que j'acceptai avec plaisir. Il m'offrit une chasse aux lions, mais je dus refuser, une autorisation spéciale des autorités anglaises étant nécessaire et dont j'étais malheureusement dépourvu. Nous partîmes donc le lendemain à la chasse aux crocodiles. Nous en rencontrâmes quatre sur les bords de la rivière. Ma première balle en abattit un, mais les autres se sauvèrent dans l'eau. La joie des nègres fut immense : le crocodile avait 6 mètres

de longueur et était gros comme un veau. Naturellement, je leur en fis cadeau.

Le lendemain, nous eûmes de nouveau à traverser
des montagnes à forêts touffues où de nombreux arbres
atteignaient des hauteurs vertigineuses. Nous dûmes
même faire une partie de la route sur le territoire du
Congo belge.

Pendant six jours, nous ne rencontrâmes plus aucun
village. Nous étions contraints de passer la nuit dans
quelque éclaircie de la forêt où nous entendions tout
le temps les aboiements des chacals, qui font
l'effet d'un ricanement sinistre. Malheureusement, ils
n'étaient pas les seuls que nous eussions à craindre. Les
éléphants, les lions, les léopards pouvaient nous surprendre à chaque instant. C'est pourquoi, pendant
toute la nuit, nous restions en vigilance et activions
les feux que nous tenions allumés autour de la tente.
Si, parfois, un troupeau d'antilopes passait en flèche
près de nous, fuyant sans arrêt, c'était le signal qu'un
fauve était dans le voisinage et alors nous sautions aux
armes.

Ce n'est qu'après bien des journées et des nuits
passées encore dans les forêts vierges que nous arrivâmes à Massinda, où nous nous trouvions déjà sur le
territoire de l'Ouganda civilisé. Ma première idée fut de
demander audience au roi Baguora qui y réside, mais,
comme il était en voyage, je fus reçu par la reine.

C'est une négresse peu agréable à voir, mais connaissant cependant les bonnes manières, et sachant se faire aimable. Elle me fit cadeau du portrait du roi, et j'appris par elle qu'il n'était monté sur le trône que depuis deux mois, succédant à son père, le roi Tamarengo. À ce moment, il était parti avec tous ses ministres pour Eutèbe, la capitale de l'Ouganda, afin d'assister aux fêtes de l'anniversaire du roi d'Angleterre. Ici, à Massinda, la cour ne passait qu'une partie de l'année en villégiature.

Le palais royal est très simple, de même que les formalités d'accès, qui offrent cependant quelque danger pour les personnes mal informées. La sentinelle vous pose la question: « Qui vive? » A cela il faut répondre: « Ami ! » C'est tout ; vous entrez comme à la poste. Mais si, ne connaissant pas la réponse exacte qu'il faut donner, ou si vous avez oublié le mot en langue du pays, c'est un coup de baïonnette qui vous attend.

Je restai trois jours à Massinda pour prendre un peu de repos, puis je poursuivis ma route pour Eutèbe, de nouveau à pied. Là, à Eutèbe, dans la capitale de l'Ouganda, je me trouvai sur le lac Victoria, qui est plutôt une petite mer qu'un grand lac, sa superficie étant égale à une fois et demie celle de la Suisse. C'est, du reste, par le milieu de ce lac que passait la frontière entre les possessions anglaises et allemandes. Les rives sont très fertiles et parsemées de villes et de villages entre lesquels de nombreux bateaux assurent le trafic. Avant la guerre, les Anglais, aussi bien que les Allemands, y tenaient des navires de guerre. C'est de même dans ce lac que le Nil prend sa source.

Eutèbe est une très belle ville et fait immédiatement l'impression d'un grand centre administratif. Les nègres sont très prévenants envers les hommes blancs et font preuve d'une grande servilité. La plupart du temps, en s'adressant à un homme blanc, ils se mettent à genoux et commencent par dire : « tchambo », ce qui signifie : « humble serviteur ». Parfois ils disent : « missouriba », ce qui est encore plus accentué et veut dire : « je suis ton animal ».

Une seule chose qui est détestable chez ces nègres, c'est qu'ils sont voleurs par nature et par instinct. Et si par hasard on leur demande compte de quelque objet disparu, la réponse sera toujours : « Ce sont sûrement les rats qui l'ont emporté. » Il y a, à Eutèbe, énormément de rats et il est facile, en effet, de tout mettre sur leur compte.

Il est curieux qu'on ne puisse voir aucun animal domestique dans ces pays, ni chevaux, ni bœufs, ni moutons. Toutes les espèces sont exterminées par les épizooties, et, n'étaient les automobiles, le nègre n'y serait jamais autre chose qu'un animal de trait.

Je quittai Eutèbe quelques jours après pour Kampala.

Kampala est la capitale du Bouganda, qui est le plus grand des petits Etats nègres de l'Ouganda et le plus avancé des royaumes nègres de toute l'Afrique. Les rues de cette capitale sont larges et longues, les maisons bien alignées et d'un style qui a quelque chose d'imposant et de monumental en soi. Cependant, il ne faudrait pas donner à ces mots un sens européen. Il y a à Kampala une cinquantaine de boutiques et un hôtel. Les rues sont très animées et il y a principalement beaucoup de *rickshaws*, c'est-à-dire des voitures à une roue que traînent les nègres. C'est un véhicule assez bizarre par son aspect, mais très commode. La roue unique est caoutchoutée et, malgré le pavage peu uni, on ne ressent pas le cahotage.

Les environs de la ville sont très fertiles et populeux. Le terrain est vallonné et tout couvert de petits villages disséminés de tous côtés. Toute cette population, par là même qu'elle est groupée sur une petite étendue, cultive la terre avec beaucoup d'activité et c'est pourquoi les environs de Kampala forment la partie la plus avancée de l'Afrique noire.

Nulle part les nègres n'ont réussi à mieux aménager leurs villages et leurs terres qu'ici, nulle part ils ne montrent plus de souci à s'assurer du bien-être. Au Soudan, au Congo, au Tanganyika, tout le long du Niger, les nègres sont contents s'ils ne souffrent pas de la faim et s'ils ne cuisent pas au soleil. Ils sont

paresseux à l'excès et considèrent comme un effort à
faire s'il leur faut passer d'un endroit ombragé à
l'autre, ou de ramasser des noix de coco ou des dattes,
qui sont tombées à quelques pas d'eux. Ici, c'est tout
autre chose : le nègre ougandais travaille du matin au
soir ; il cultive sa terre qui, il est vrai, le récompense
bien par sa fertilité. C'est pourquoi on remarque une
grande prospérité, qui va s'accroissant, dans les environs de Kampala.

Je fis la route, de cette ville à Djindja, à motocy-
clette. La route est excellente et c'est un véritable plaisir de couvrir la distance entre ces deux villes. La
végétation rappelle, dans une certaine mesure, l'Europe méridionale. Djindja est une ville d'aspect
agréable, située sur le golfe Napoléon.

J'eus à passer une journée en bateau, pour aller à
Kissouma, qui se trouve déjà dans l'Etat de Kénia. Ce
nom est celui des hautes montagnes qui se trouvent
dans cet Etat et qui sont toujours couvertes de neige,
tandis qu'à leur pied, dans la vallée, l'été et les chaleurs accablantes ne cessent jamais. Kissouma est la
plus grande place commerciale sur le lac Victoria et
possède le plus grand port. C'est là qu'on passe dans
l'hémisphère sud.

De Kissouma à Neurobe je fis 412 kilomètres en chemin de fer. Les nègres de ce district sont déjà bien
différents de ceux de l'Ouganda, qui sont beaucoup plus

M. Raïtchévitch avec son escorte.

Le village de Iangwa dans l'Ouganda.

avancés. Ici, les indigènes vont nus, et, si par hasard ils s'habillent, c'est pour se mettre un petit pagne autour de la taille. Les villages sont très rapprochés l'un de l'autre et entourés de hautes clôtures qui leur donnent l'aspect de forteresses. C'est parce que les attaques des tribus voisines sont très fréquentes. Ces villages fortifiés peuvent offrir une résistance effi- cace à l'ennemi, qui se contente, la plupart du temps, de détruire les plantations dans les champs. Mais, pour ce climat, c'est un dommage peu important.

Le train suit toujours un plateau très fertile qui s'étend jusqu'à Neurobe et qui est considéré comme le grenier de Kénia.

Neurobe est le siège du gouvernement britannique de l'Afrique orientale. C'est une ville neuve et bien bâtie. Elle fut fondée en 1899 par les Anglais qui y firent construire des bâtiments pour leur administra- tion. C'est ce qui attira une foule de gens à cet endroit, en sorte qu'actuellement la ville compte 20 000 habitants, dont 800 Européens, les autres étant des nègres et des Hindous de Ceylan.

Quoique se trouvant sur l'équateur, l'Etat de Kénia a un climat tempéré. C'est aussi sur l'équateur même que se trouve le mont Kénia qui atteint 4 500 mètres d'altitude, tandis que la plus grande montagne afri- caine, le Kilimandjaro, arrive à 5 800 mètres. En ce qui concerne le climat des montagnes, il est tout à fait approprié pour la colonisation jusqu'à l'altitude des glaciers.

Kénia se trouvant dans l'hémisphère sud, les mois les plus frais de son climat sont exactement à l'opposé du nôtre, ce sont les mois de juin, juillet et août. Tout en étant prévenu, on ne peut pas se défendre d'un sentiment de surprise devant cette interversion des saisons.

De Neurobe, je me rendis à Mochi, une localité au pied du Kilimandjaro et qui se trouve sur le territoire de Tanganyika, l'ancienne colonie allemande. La ligne de chemin de fer qui y conduit bifurque à Voï, à 116 kilomètres avant Mombaz.

Il y eut des combats sanglants, en 1916, entre Allemands et Anglais, sur le territoire que traverse cette ligne, quoique ces combats eussent été d'importance secondaire, car les batailles stratégiques eurent lieu autour du lac Victoria.

Mochi est une petite ville très agréable où il y a beaucoup de Grecs qui y possèdent des plantations de café et de chanvre. De grandes quantités d'eau s'écoulant pendant toute l'année du Kilimandjaro dans la vallée qui entoure Mochi, celle-ci est très fertile et c'est pourquoi les premiers Européens qui s'y rendirent ne manquèrent pas de s'en rendre acquéreurs. On en exporte de très grandes quantités de café, de cordes et de noix de coco.

Sans m'arrêter longtemps à Mochi, je me rendis à
Mombaz qui se trouve située dans une île de l'océan
Indien que les indigènes appellent *Kussiona Mvita*, ce
qui veut dire l'« Ile des Guerriers ». Cette île a environ
3 kilomètres de largeur et 5 kilomètres de longueur.
Mombaz a environ 26 000 habitants, dont 35o seulement sont des blancs, la plupart des fonctionnaires.
C'est le port principal de Kénia et l'un des plus importants sur la côte orientale d'Afrique. Les grands
vapeurs des compagnies transocéaniques y accostent
régulièrement.

# CHAPITRE VII

# Tanga, Zanzibar, Dar=es=Salam

Tabora, le 16 août 1923.

Me voici à 600 kilomètres au sud de l'équateur, dans l'ancienne Afrique orientale allemande, qui est maintenant sous l'autorité des Anglais.

De Mombaz, je suis parti en vapeur pour Tanga. En quittant cette dernière ville, je quittai aussi la colonie de Kénia que j'avais traversée de part en part.

Le premier port dans lequel nous accostâmes après Mombaz était Moa, une petite ville de six cents habitants au plus, et le port le plus reculé au nord du Tanganyika. Cette petite ville semble être un dépôt de noix de coco, dont on en exporte d'énormes quantités.

Après un court arrêt, nous arrivâmes en quelques heures à Tanga où je débarquai. C'est le plus grand port de Tanganyika, avec 21 000 habitants, dont 175 seulement sont des blancs et 900 des Hindous. Le port est très vaste et profond. La rivière Sighi, qui se jette

là dans l'océan, est navigable sur quelques kilomètres
en amont, ce qui facilite énormément le mouvement.

De même que Mombaz, Tanga n'est pas située sur
le continent ; elle se trouve sur une petite île qui en
est séparée par un canal étroit. La ville a été édifiée par
les Allemands qui ont laissé ici un très mauvais souvenir par leur cruauté envers les indigènes qu'ils
menaient à coups de fouet. Les Anglais ont mis fin à
ces brutalités.

De Tanga, je me rendis à Zanzibar. Comme il se
passe parfois jusqu'à quinze jours sans qu'aucun
vapeur parte vers le sud, et Tanga même n'offrant
pas beaucoup d'intérêt, je profitai d'un bateau arrivé
de Bombay et se rendant à Beir, dans les possessions
portugaises. Les Anglais n'utilisent jamais ces bateaux
qui sont peu commodes, mais comme je connaissais
déjà des moyens de transport bien moins confortables,
je n'hésitai pas et je partis.

Dès la sortie de Tanga, on sent une forte odeur de
girofle qui vous fait éternuer. C'est déjà l'atmosphère
de Zanzibar, qui exporte d'énormes quantités de clous
de girofle dont il détient presque les trois quarts de la
production mondiale et qui est, en outre, l'une des
contrées les plus riches du monde.

Le voyage dure environ huit heures. On ne saurait
s'approcher de Zanzibar sans être surpris par sa beauté.
Il est vrai que ce ne sont pas de hautes montagnes

qu'on aperçoit dans l'île et qui la feraient surgir comme un géant au milieu de l'océan, mais ses forêts de palmiers et ses plantations de girofliers font un charmant effet qui vous donne l'impression, après la traversée de l'Afrique, d'arriver dans une île d'enchantement.

Les rives de l'île sont pour ainsi dire ourlées de coraux que la mer façonne constamment par ses vagues en leur donnant les formes les plus bizarres. La nuit, ces coraux prennent des aspects fantastiques. On croirait toute une armée postée sur le rivage pour garder le territoire du second khalife de l'Islam, le sultan de Zanzibar.

Ces coraux sont couverts de verdure qui s'harmonise avec celle de l'île entière. Les navigateurs arabes avaient bien raison d'appeler Zanzibar l'« Ile verte ».

Il n'y a rien d'obscur ni de lugubre dans cette verdure de Zanzibar. Tout est clair et radieux sous les rayons ardents du soleil. Chaque hectare de terre est cultivé et planté alternativement d'arbres et de girofliers, de palmiers et d'orangers.

Au nord de Zanzibar se trouve une autre petite île appelée Toumbat, sur laquelle sont placés deux phares construits sur des rochers de corail qui émergent de la mer. Cette petite île a dû avoir beaucoup d'admirateurs qui aimaient y séjourner, à en juger par les ruines de nombreux palais disséminées de tous côtés. Malheureusement, les archéologues les plus érudits perdent leur latin lorsqu'il s'agit d'en déterminer les propriétaires d'antan, car il est difficile de découvrir ici les mystères des siècles passés. L'île est séparée de celle de Zanzibar par un étroit canal qui atteint à peine 5 kilomètres de largeur. Il n'y a pas de saillies et les plus hautes atteignent à peine 15 mètres.

La partie sud de l'île est couverte des ruines d'une ville qui s'étendait sur 3 kilomètres de longueur et où, outre les maisons d'habitation, on reconnaît plusieurs temples.

Les mieux conservées de toutes sont les ruines d'une mosquée qui indique que cette ville fut habitée par des musulmans. Bâtie au bord de la mer, elle témoigne de la puissance des habitants qui devaient certainement être les maîtres de la mer.

Les restes de la mosquée font apparaître que les habitants étaient très avancés et que la ville devait exister au moyen âge. En effet, on voit à l'entrée quatre arcs ogivaux du plus beau style, qui sont un indice certain que les constructeurs ont dû voyager en Europe. En outre, la mosquée est séparée en deux parties, dont l'une était réservée aux femmes et l'autre aux hommes, ce qui a été fait sur le modèle de la mosquée de Cita Zéïnab, du Caire, et de celle d'Ase Mochei, de Jérusalem. Les deux parties étaient séparées par un mur à quatre ouvertures et, par conséquent, on pouvait voir de la partie réservée aux hommes dans celle des femmes. Comme, suivant tous les indices, la ville était florissante au douzième siècle, on doit admettre qu'à cette époque les mœurs musulmanes n'étaient pas aussi sévères qu'à présent.

A environ 800 mètres au sud de la mosquée, on voit les ruines d'un palais que les indigènes appellent le « palais du roi ». Naturellement, il est impossible d'affirmer que des rois eussent habité ce palais, mais on voit bien qu'il était très vaste. Dans les fondations on voit encore le système de canalisation utilisé pour l'asséchement du terrain.

Les indigènes s'intéressent beaucoup à ces ruines et racontent volontiers ce qu'ils savent, par tradition, sur la ville disparue. C'est ainsi qu'ils croient savoir que dans ce palais résida le roi arabe Youssouf, le fondateur de la ville prospère de Kiloa, qui se trouve un peu au sud de Zanzibar, sur l'océan Indien.

Le nom que cette ville portait est, de même, oublié, mais, à en juger par les écrits du géographe arabe Yakout, qui datent du huitième siècle, elle portait le nom de Toumbat et ses habitants sont mentionnés comme d'excellents musulmans de ces contrées. Il faut admettre que la ville devait quand même avoir une grande importance, car il est improbable qu'un historien arabe eût prêté son attention à une localité quelconque, située dans une lointaine petite île, s'il n'avait eu des raisons particulières.

En outre, Yakout mentionne aussi l'île de Lendgouïa, qui est certainement identique avec le nom d'Ungouïa que les nègres Souahils prêtent encore à l'île de Zanzibar. Yakout rapporte que les habitants de l'île de Lendgouïa fuyaient à Toumbat pour y chercher refuge devant les attaques de l'ennemi, ce qui est très probable, car Toumbat était mieux organisée pour la défense, et la piraterie, de même que le trafic des esclaves, était très développée de ce temps.

Il est curieux que cette ville, si prospère au treizième siècle, ait non seulement périclité, mais complètement disparu au quinzième. Il devait en être ainsi cependant, car les Portugais, qui sont venus les premiers dans ces contrées au commencement du seizième siècle, ne mentionnent nulle part la ville de Toumbat qu'ils ont probablement trouvée en ruines. Ils s'étendent pourtant longuement, dans leurs rapports, sur Kiloa, qui était la ville principale de l'Afrique orientale à leur époque, de même que sur Sofala, Mombaz et Malinda.

Les indigènes de l'île de Toumbat sont des gens très conservatifs et réservés. C'est pourquoi leurs traditions sont claires et sans contradictions. Elles veulent que la déchéance de Toumbat ait été causée par le développement de Kiloa qui fit que tous les commerçants,

.courant après le gain, s'y transportèrent ; la ville, affaiblie, devint la proie des pirates et n'était plus qu'un monceau de ruines lorsque les Portugais arrivèrent dans ces parages.

Les habitants actuels de Toumbat prétendent être d'origine persane et ont la réputation de gens mystérieux, très versés dans l'occultisme et les magies de toutes sortes. Les compagnies de navigation recrutent parmi eux.

Nous côtoyons maintenant les rivages de l'île de Zanzibar, très dangereux pour la navigation à cause des nombreux récifs de corail.

L'île fut, au temps de l'esclavage, un des principaux dépôts d'esclaves, d'où ceux-ci étaient transportés vers le golfe Persique ou vers Mascate. Même actuellement, on peut retrouver des vestiges des innombrables ergastules que les puissants marchands arabes y possédaient. C'est pourquoi les indigènes appellent encore cette partie de l'île « la Côte arabe ».

Le port de Zanzibar apparaît, puis on commence à distinguer la ville, semblable à une Venise tropicale. Vue de loin, avec les minarets de ses mosquées qui s'élèvent dans le ciel bleu, ses toits rouges qui se détachent sur le fond verdâtre de l'île, Zanzibar donne l'impression d'une ville émergeant de la mer même et où la main de l'homme n'a eu nul besoin de se mettre en œuvre pour embellir quoi que ce soit. La nature a pourvu à la beauté de la ville et des ses alentours.

C'est ce qu'ont prévu les Arabes qui y habitent et qui, du reste, appartiennent à la secte musulmane qui considère qu'on ne doit orner ni les maisons ni les rues. Malgré la richesse de l'île, on chercherait en vain, à Zanzibar, quelque mosquée monumentale ou quelque palais où l'architecte se fût départi de la simple ligne droite. L'Islam, ici, est modeste.

A gauche de la capitale, à environ 5 kilomètres et reliée à elle par une route qui serpente le long de la côte, se trouve la petite localité de Bouboubi, enfouie parmi les plantations de girofliers. C'est le but favori d'excursions pour les habitants de la capitale et c'est pourquoi ils ont établi une ligne de chemin de fer pour y parvenir plus facilement.

Devant Zanzibar même se trouvent quatre petits îlots de coraux qui apparaissent comme des sentinelles devant la capitale du second khalife de l'Islam. Le plus proche de la côte porte le nom de l'« Ile de Tristesse ». Il est destiné à l'enterrement des chrétiens. Ce sont principalement des officiers de marine et des marins anglais qui y reposent. Parmi eux se trouvent vingt-quatre hommes du navire de guerre anglais *Pegase*, tués le 20 septembre 1914, dans un combat avec le croiseur allemand *Königsberg*. On donne aussi à cet îlot le nom d'« Ile française », parce que pendant un certain temps il a appartenu à la France.

Le second îlot est inhabité, mais le troisième a une certaine importance.

C'est là que se trouvent les établissements de quarantaine où les voyageurs doivent séjourner en temps d'épidémies, qui sont ici assez fréquentes. Mais l'île porte le nom de la prison centrale qui s'y trouve de même, et qui, sans doute, fait plus d'impression sur les indigènes que la quarantaine. L'île, par elle-même, est très agréable et l'on y voit beaucoup de villas appartenant principalement à des Européens qui viennent y villégiaturer.

La quatrième île, qui se trouve devant le fort de Zanzibar, porte le nom de « Banc ». Quoiqu'elle ne soit pas habitée, elle a une certaine importance parce que quatre câbles sous-marins s'y rencontrent qui relient Zanzibar à Aden, aux îles Seychelles, à Durban et à Londres.

Ayant côtoyé ce groupe d'îlots, nous entrâmes dans le port de Zanzibar qui s'annonce de loin par la haute tour à horloge de l'établissement des douanes. Dans l'arrière-plan apparaissent les maisons à toits plats en terrasse qui caractérisent toutes les habitations arabes. De cette masse de maisons émergent les deux clochers de l'église catholique et plusieurs minarets.

Dès le débarquement, je me rendis à l'hôtel, puis j'allai me présenter aux autorités anglaises et demander audience à Sa Majesté le sultan de Zanzibar, second khalife de l'Islam. En attendant de savoir quand je pourrais être reçu, j'allai voir la ville et prendre des renseignements sur l'Etat du sultan.

L'île de Zanzibar a 86 kilomètres de longueur et environ 40 kilomètres de largeur. A 26 milles au nord-est de Zanzibar, se trouve l'île de Pemba qui fait, de même, partie des possessions du sultan dont les droits souverains sont garantis par la Grande-Bretagne. Pemba ne s'étend que sur 67 kilomètres de longueur et 22 kilomètres de largeur.

Cependant, outre ces deux grandes îles et les nombreux îlots environnants, le sultan de Zanzibar possède une partie de la côte africaine, sur l'océan Indien, qui a une longueur de 67 kilomètres et une largeur de 16 kilomètres. Cette partie continentale du sultanat a été cédée à bail à l'Angleterre, au prix de 11 000 livres sterling par an. L'île et la ville de Mombaz font, de même, partie intégrante des territoires concédés.

La ville a environ 36 000 habitants. Son nom provient des mots persans *zang*, qui veut dire noir, et *bahr*, qui veut dire côte. Ce serait donc une ville située sur la côte noire, et, en effet, les Arabes ont, de tout temps, donné ce nom à toutes les côtes africaines orientales.

La partie occidentale des deux îles est très fertile, tandis que la partie orientale consiste principalement en rochers de corail couverts çà et là d'arbustes. La côte occidentale est de configuration ondulée, mais les monticules les plus élevés parmi eux atteignent à peine 120 mètres. Ces élévations se trouvent juste au milieu de l'île et la partagent en deux parties au point de vue climatérique. A Pemba, par contre, toutes les élévations sont massées sur la partie sud, tandis que la partie nord reste plate.

L'île de Zanzibar est réputée pour son excellente eau potable. Là, de même qu'à Pemba, on rencontre de nombreuses sources formant des ruisseaux qui traversent l'île de toutes parts. Cependant, à Zanzibar, ces eaux n'abondent que sur le côté ouest, tandis qu'à Pemba, elles sont partout très nombreuses. Une chose curieuse, c'est que les plus grands de ces ruisseaux, qu'on pourrait déjà dire des rivières, ne se jettent pas dans la mer. Après 5 ou 6 kilomètres, ils disparaissent sous terre.

La source qui approvisionne Zanzibar d'eau potable s'appelle Tchem-Tchem. Elle est éloignée de 800 mètres à peine des bords de la mer et forme d'abord une grande mare. On affirme que cette eau, qui est de première qualité, provient du continent africain et qu'elle parvient à Zanzibar en passant sous le fond de la mer.

Les nombreuses cavités qui existent dans les rochers de corail forment des puits utilisés par les indigènes. Il en est beaucoup qui sont très profonds et le peuple leur attribue toutes sortes de pouvoirs surnaturels et de maléfices. C'est là qu'habitent les mauvais esprits et les contes sur leurs méfaits se transmettent de père en fils.

Le climat de Zanzibar est tempéré par les vents, ce qui le rend très supportable. Ces vents soufflent avec une grande régularité pendant toute l'année. D'avril à septembre, c'est le vent de sud-ouest qui souffle et qui a, de tout temps, eu une grande influence sur la prospérité du commerce de Zanzibar, de même que le vent du nord-est qui souffle pendant l'autre moitié de l'année. En effet, ils sont suffisants pour pousser les barques à voiles qui vont d'un port à l'autre de la côte orientale et ce sont eux qui déterminent le sens dans lequel les transactions se font. Pendant une moitié de l'année, ce sont les pays du nord qui reçoivent les produits des pays du sud et, pendant l'autre, ce sont ceux-ci qui s'approvisionnent de produits des pays du nord.

Au point de vue climatérique, Zanzibar est une ville côtière tropicale. La température y est toujours élevée. Elle n'est pas telle qu'elle ne puisse être supportée par les Européens, mais ceux-ci ont un besoin réel d'aller se refaire chaque année, pendant quelques mois, en Europe.

Les saisons de pluies sont très régulières, deux fois par an : en avril et en mai, puis en novembre et en décembre. La première est appelée pluie d'hiver, parce

Indigènes partant à la chasse aux serpents.

Lionne assaillant un zèbre.

qu'elle est accompagnée d'une atmosphère plus morne,
le ciel étant toujours couvert ; l'autre, la saison plu-
viale d'été, est entrecoupée d'éclaircies qui égayent
l'horizon. La fièvre paludéenne est fréquente, mais elle
est anodine.

D'après le recensement de 1910, le sultanat de Zanzibar avait 197 200 habitants, dont 117 000 étaient établis dans l'île de Zanzibar et 80 200 dans l'île de
Pemba. Ce nombre englobe 171 Européens, dont 150
sont des Anglais. Mais, d'une façon générale, lorsqu'on parle du nombre d'habitants dans les pays africains, on ne peut compter que sur des évaluations
approximatives, faites au coup d'œil et en bloc. Qui
pourrait dire combien il y a de nègres dans l'Ouganda,
puisqu'il se trouve des provinces entières que les blancs
ont à peine traversées ? Ce n'est qu'en ce qui concerne
les Européens qu'on peut se fier aux statistiques.

La ville de Zanzibar même a 36 000 habitants et c'est
la plus grande du sultanat. C'est, du reste, la ville
unique de ces îles, les habitations étant, par ailleurs,
tellement dispersées qu'elles forment à peine des localités. On arrive, cependant, à en compter encore quatre.

Le transport se fait par ânes, les routes rayonnant
de Zanzibar sur tous les côtés étant très bonnes. On
cultive principalement le giroflier et le cocotier, ce
qui n'exige pas beaucoup de travail. En outre, on
cultive beaucoup le manioc qui est le principal moyen

d'alimentation des habitants. Il y a deux sortes de cette plante : la douce, qu'on mange crue, et celle qu'on appelle la toxique et qui a besoin d'une préparation spéciale avant de devenir comestible.

La production de riz fut aussi très importante jadis, mais elle est, aujourd'hui, complètement abandonnée. Le riz est entièrement importé des Indes et c'est principalement la paresse des indigènes qui est la cause de cet état de choses. La culture du riz exige beaucoup de travail et de souci, et, malgré que les conditions soient ici très favorables, les indigènes la délaissent. On préfère les noix de coco qui ne demandent qu'à être cueillies.

Le maïs est cultivé, mais en très petites quantités. Il semble que le climat tropical ne soit pas favorable à cette plante. Par contre, on voit beaucoup de citronniers, d'orangers, de bananiers, et tous ces fruits font l'objet d'un commerce très actif. Le tabac est cultivé sur la partie orientale de l'île. La canne à sucre est très développée, mais il n'y a pas de raffineries.

La terre est labourée de la façon la plus primitive, principalement avec des pieux. Les indigènes ne se servent pas de charrues et on m'a expliqué que c'était parce que le sol était jonché de pointes de corail qu'on pourrait difficilement éviter avec une charrue.

Au point de vue politique, Zanzibar est un sultanat musulman, sous la protection de la Grande-Bretagne.

Le chef d'Etat est le sultan Seid khalife Ben Haroub, qui gouverne par l'intermédiaire d'un gouvernement dans lequel se trouvent des Anglais et des Arabes. L'autorité de l'Angleterre est représentée par ses consuls auxquels on donne très souvent ici le titre de gouverneur.

Le sultanat n'est pas de création très ancienne. L'île, convoitée pour sa richesse, est, de tout temps, passée de mains en mains, mais il semble qu'elle n'ait jamais été un centre politique important. Elle fut un centre commercial d'importance, mais, là aussi, c'est plutôt Toumbat qui a joué le premier rôle.

Lorsque les Portugais, sous la conduite de Vasco de Gama, arrivèrent dans ces contrées, ouvrant la route vers les Indes, ils découvrirent, sur la côte orientale d'Afrique, plusieurs villes prospères, mais ils ne trouvèrent rien d'important à Zanzibar et ne mentionnent même pas Toumbat qui devait déjà être en ruines. Voici ce que dit Vasco de Gama sur son arrivée dans l'île:

« Le dimanche 27 janvier 1499, nous quittâmes Mangatou avec vent favorable. Nous naviguâmes toute la nuit, et le lendemain matin, 28 janvier, nous accostâmes dans l'île nommée Djandjiber qui est peuplée de Maures et éloignée de 10 milles de la côte. »

Ainsi, l'île passa aux Portugais. Ils en firent leur colonie, mais le centre administratif fut institué sur le continent.

Les Portugais ne restèrent pas longtemps maîtres de l'île, car bientôt surgirent les Anglais, leurs rivaux, décidés à obtenir la maîtrise de la route vers les Indes. A cette époque, Zanzibar fut érigé en royaume musulman et, parmi les souverains d'alors, on cite une certaine reine Fatima. C'est aussi de ce temps que fut fondée la ville de Zanzibar.

Cependant, l'Angleterre ne fut pas pour les Portugais une rivale aussi redoutable que le royaume arabe d'Oman qui se trouvait sur le golfe Persique.

L'histoire de ce royaume est intimement liée à celle de Zanzibar qui n'est que la suite de la première. En effet, le sultan actuel de Zanzibar est un prince de la dynastie des Oman.

Les Portugais, un petit peuple européen qui s'était étendu sur trois continents, ne pouvaient pas maintenir leur influence sur le monde entier. De plus, grâce à leurs nombreuses colonies, ils étaient vite devenus le peuple le plus riche de ce temps et, comme il arrive toujours, le bien-être détendit leur effort. Leur Etat devint faible numériquement vis-à-vis des nombreux peuples qu'ils avaient asservis et qui tendaient de toutes leurs forces à reconquérir leur liberté.

A ce moment, sur le golfe Persique et dans la partie sud-est de l'Arabie actuelle, régnaient les ancêtres du sultan actuel de Zanzibar comme rois de l'Oman sur des tribus arabes actives et énergiques. Leur Etat était organisé d'une façon patriarcale : le souverain était éligible, mais les Arabes, par fidélité et opportunité, choisissaient toujours les membres d'une même famille, en sorte que l'élection était une pure formalité et qu'en vérité la monarchie était héréditaire.

Le souverain d'Oman portait le titre d'imam, qui est plutôt celui d'un chef religieux. C'était, en effet, sa première qualité et elle lui assurait une grande autorité dans l'Etat, d'autant plus que le peuple tout entier prenait part à son élection.

Mais, tous ces peuples arabes, qui appréciaient leur liberté au-dessus de tout, ne pouvaient concevoir l'Etat que sur une base démocratique, et, tout en restant fidèles à la famille régnante, ils étaient fort conscients de leurs droits et prêts à en faire usage le cas échéant.

C'est ainsi qu'il arriva, en 1741, que l'élection mit en échec la famille jusqu'alors régnante et amena au pouvoir Ahmed Ben Saïd, le fondateur de la dynastie actuelle de Zanzibar.

Son passé, avant son élection au trône, n'est pas bien connu. Il semble qu'il n'ait été qu'un simple commerçant. A l'époque de l'attaque des Persans contre l'Oman, Ahmed Ben Saïd se distingua comme chef de la résistance et sauva sa patrie, ce qui le rendit très populaire et l'amena au trône.

Le peuple d'Oman était très modéré et modeste : c'était de même la règle pour ses souverains. L'imam d'Oman ne devait se livrer à aucun faste, et, quoique tous les revenus de l'Etat passassent par ses mains, il n'en retenait pour lui que le strict nécessaire.

La capitale d'Oman était Mascate, ville que les Portugais tinrent pendant un certain temps, de même que toute la côte du golfe Persique, sans détruire cependant l'indépendance du royaume d'Oman. Les imams furent contraints d'abandonner la capitale, mais ne cessèrent pas de régner. Du reste, les Portugais ne se maintinrent que peu de temps à Mascate : l'imam réussit vite à reconquérir sa capitale et à stabiliser la situation de son royaume, en sorte qu'un de ses successeurs, le célèbre Seïd Saïd, put entreprendre la conquête de nouveaux territoires.

Seïd Saïd est un des souverains les plus marquants de l'Asie occidentale au dix-neuvième siècle. Il fut un grand ami et allié des Anglais qui le protégèrent.

Né en 1791, à Oman, Seïd Saïd eut de bonne heure l'occasion de s'exercer dans l'art de la guerre qui l'attirait fortement. A ce moment, le trône était occupé par un de ses parents, Seïd Bedr, valétudinaire retiré dans la vie paisible et casanière et qui n'était nullement fait pour conduire un peuple dans des entreprises guerrières. Seïd Saïd se décida vite à prendre la place du souverain apathique. A l'occasion d'une réception solennelle, il lui planta son épée dans la poitrine. Les grands dignitaires présents, voyant que le vieux souverain était mort et que Seïd Saïd s'était immédiatement déclaré successeur au trône, baissèrent la tête et acceptèrent le fait accompli. Les Orientaux, dans leur mysticisme inné, ont une façon bien simple de régler les choses dans ces cas : il leur suffit de dire que la destinée l'a voulu ainsi et tout est dans l'ordre.

Seïd Saïd entreprit tout d'abord d'affermir sa position. Dès le début de son règne, il eut à soutenir la lutte avec la tribu Wahabi qui menaçait de soulever tout le monde islamique avec ses nouveaux dogmes. En effet, leur prophète Mouhamed bin Abdoul Youahab avait réussi à organiser cette tribu en une nouvelle secte religieuse, à la fanatiser au plus haut degré pour la guerre et à mettre en danger non seulement le royaume d'Oman, mais aussi l'influence anglaise sur les musulmans de l'Inde.

Saïd comprit nettement la situation et proposa aux Anglais une action commune. La lutte dura plusieurs années, mais la tribu des Wahabis fut exterminée et l'ordre rétabli dans l'Arabie du Nord. La protection des frontières de l'Inde fut assurée. Saïd s'acquit les plus grandes faveurs des Anglais.

Seïd Saïd orienta sa nouvelle politique vers les côtes de l'Afrique orientale. Depuis longtemps réputée pour son commerce d'esclaves très développé, l'Afrique orientale attirait les sultans d'Oman de même par sa richesse. Seïd Saïd décida d'entreprendre une expédition contre Mombaz. Les Anglais lui assurèrent leur aide.

Une flotte magnifique fut équipée et leva l'ancre sous son commandement. Le *Liverpool*, vaisseau-amiral, portait soixante-quinze canons, la frégate *Chah Aloum* soixante-quatre. En outre, il y avait deux corvettes très bien armées, six corvettes légères et plusieurs navires de moindre importance possédant de quatre à six canons.

Avec cette flotte puissante, l'imam Seïd Saïd mouilla en janvier 1828 devant Mombaz, et, après un court combat, s'empara de la forteresse. Il y laissa une garnison de trois cents hommes et se dirigea sur Zanzibar qui était alors une ville mahométane assez développée sous le protectorat du Portugal.

La population accueillit avec enthousiasme le chef religieux et politique de l'Oman, un Etat purement musulman, qui par cela même lui était sympathique. Dès son arrivée, Seïd Saïd prit plaisir à séjourner dans l'île voluptueuse et s'y installa dans l'intention d'y rester assez longtemps. Mais il ne se passa pas trois mois que des nouvelles très mauvaises commencèrent à lui parvenir de Mombaz. L'ennemi, la tribu des Maouris, avait réussi à reprendre la forteresse et à exterminer sa garnison.

Seïd Saïd dut abandonner le délicieux séjour de

Zanzibar. Il équipa une nouvelle armée à Oman et entreprit contre Mombaz une guerre qui dura plusieurs années. Ce n'est qu'en 1837 que le sultan remporta la victoire décisive, reprit la ville et la forteresse et transporta la tribu rebelle à Oman, où elle périt dans les prisons. Mombaz fut solidement occupée et la route fut ouverte aux Arabes pour de nouvelles conquêtes.

Cependant, avant de s'engager dans de nouvelles expéditions, Seïd Saïd se préoccupa d'établir une nouvelle base d'opérations. L'Oman se trouvait loin de ses nouveaux domaines et était, en outre, très bien protégé. Non seulement aucun danger ne menaçait ce territoire d'aucune part, mais encore il n'y avait pas de possibilité d'extension, le désert formant ses frontières de tous côtés.

Zanzibar, par contre, se trouvait à un endroit des plus favorables au point de vue stratégique et économique. Sise au croisement des routes maritimes de l'Arabie, de l'Inde et de l'Afrique du Sud, c'était un nœud de communications d'une telle importance que tous les navires naviguant dans l'océan Indien y mouillaient. En outre, la fertilité de l'île rendait parfaitement possible l'établissement d'une capitale importante à cet endroit et c'est à quoi se décida le sultan de l'Oman.

Malgré cela, le sultan ne put pas abandonner com-

plètement son ancienne capitale. Il fit tout d'abord
de Zanzibar une sorte de résidence de plaisance qui
tenait lieu de seconde capitale. Mais il fut bientôt tellement engagé dans ses nouvelles entreprises qu'il ne
put pas s'en éloigner.

Sa première préoccupation fut d'organiser des communications directes entre Zanzibar, l'Oman, les
Indes, l'Angleterre, et même New-York et Pékin.
Dans ce but, il acquit des navires, mais son principal souci était d'attirer les navires étrangers à Zanzibar. Il y réussit pleinement.

En signe de reconnaissance envers l'Angleterre,
Seïd Saïd lui fit présent d'un de ses plus beaux
navires, le *Liverpool*, qui s'était rendu célèbre à la
prise de Mombaz. Ce navire fut incorporé dans la
flotte anglaise.

Seïd Saïd fit construire deux beaux palais à Zanzibar qui formèrent le centre de la ville. Tout autour,
ses fils et ses parents, dont l'exemple fut suivi par
tous les dignitaires, se firent construire des palais
particuliers. C'est ainsi que fut édifiée la ville de
Zanzibar.

Après avoir créé sa capitale, ce musulman énergique et entreprenant songea à mettre en ordre sa vie
privée. Il s'était marié, en 1827, avec la fille du chah
de Perse Fati Ali Chah, mais cette union ne fut pas
heureuse et elle le quitta après peu de temps. En 1853,

Seïd Saïd envoya ses délégués pour demander la main de la reine de Madagascar, mais elle les renvoya.

Il eut plus de chance à sa troisième tentative et se maria avec la princesse persane Iritel Mirza. Elle vint à Zanzibar en 1879 avec une très nombreuse suite, parmi laquelle se trouvait même un bourreau attaché à sa personne à titre privé, sans doute pour pouvoir couper quelques têtes en route si c'était son bon plaisir. Elle déploya un tel faste que les Arabes, modestes et croyants, d'Oman en furent scandalisés. Cependant, son influence ne fit que profiter au développement et à l'embellissement de Zanzibar. Outre de nombreuses constructions dans la ville même, Seïd Saïd fit élever le magnifique palais de Kéditchi, à la pointe extrême nord de l'île.

Mais la sultane ne fut pas son unique femme. En bon musulman, il n'en avait pas moins de soixante-dix encore dans son harem, qui lui donnèrent cent douze enfants, dont trente-quatre étaient vivants au moment de sa mort.

Seïd Saïd se soucia beaucoup de son armée, qui n'était pas nombreuse mais très bien armée. Plusieurs souverains européens lui avaient fait présent de canons et il était dans tous les cas assez bien équipé pour inspirer la crainte aux tribus africaines qu'il avait asservies.

Zanzibar devint en quelques années un Etat puissant dans l'océan Indien, tant au point de vue politique que militaire. C'est ce qui fit un peu réfléchir les Anglais, qui, quoique en très bons termes avec lui, trouvaient qu'il fallait surveiller de plus près le développement du sultanat. Le gouvernement anglais envoya donc, comme son représentant à Zanzibar, un officier distingué de l'armée des Indes, le capitaine Hamerson, qui y vint avec le titre semi-officieux de représentant de la Compagnie des Indes.

L'influence anglaise commença immédiatement à se manifester. Les autres grands États européens, reconnaissant aussi toute l'importance de Zanzibar, se firent de même représenter, mais il était déjà trop tard : l'Angleterre avait pris la première place.

C'est par les mémoires de ce premier représentant anglais qu'on peut se rendre compte des conditions de vie dans le sultanat à cette époque.

Tout d'abord, la situation sanitaire, d'après le capitaine Hamerson, était très mauvaise. La malpropreté et l'incurie étaient telles qu'on ne peut se les imaginer que dans les villes musulmanes. En 1842, il vit sur le rivage pas moins de cinquante cadavres humains non inhumés. Hamerson, qui entre temps était devenu consul anglais, usa de son influence pour remédier à cet état de choses.

Il rapporte de même que Seïd Saïd, comme tous les 'Arabes, était très formaliste et donnait une très grande

importance aux titres. D'une façon générale, les
louanges, les compliments, les flatteries sont très
répandus chez les Arabes, et la façon de les exprimer
est telle qu'ils se rapportent non seulement à la personne qui parle, mais à toute sa famille. L'Arabe se
soucie énormément de sa réputation. *Hechma*, ce qui
veut dire honneur ou estime, est pour lui une chose
essentielle dans la vie. Seïd Saïd tenait spécialement
à être honoré et voici un exemple typique de l'importance qu'il y attachait :

Un de ses navires ayant été envoyé à Bombay pour
y être remis en état, le gouvernement de l'Inde autorisa qu'il fût admis dans le bassin de radoub avant un
navire anglais. Seïd Saïd en fut extrêmement touché.
A son avis, sa réputation avait énormément grandi de
ce fait et il était au comble de la joie. Il dit au consul
anglais que jamais personne ne lui avait fait un plus
grand plaisir.

Il ordonna une manifestation publique à cette occasion et reçut le consul anglais avec les plus grandes
solennités. « Consul, lui dit-il, vous m'avez toujours
affirmé que le gouvernement de l'Inde était mon
ami. A présent, je vois que vous m'avez dit la
vérité. »

De riches cadeaux, consistant en quatre pur sang
arabes, en deux sabres de grande valeur et en de nombreux bijoux, furent envoyés au gouverneur de l'Inde.

Depuis lors, Seïd Saïd seconda toutes les entreprises de l'Angleterre et même lorsque celle-ci ouvrit la guerre à la traite des esclaves, il devint son auxiliaire malgré que ce commerce honteux fût une source de richesse pour Zanzibar.

Seïd Saïd fut le dernier souverain commun de Zanzibar et d'Oman. Après sa mort, son fils aîné, Seïd Fouaini, lui succéda au trône d'Oman, tandis qu'à Zanzibar restait son fils cadet Seïd Madjid.

Cependant, l'affaire n'alla pas sans disputes. Le frère aîné contestait au cadet le droit sur Zanzibar et l'affaire ne put être réglée autrement que par l'arbitrage de lord Kaning, gouverneur de l'Inde occidentale, qui décida la séparation de l'Oman et de Zanzibar, formant ainsi deux Etats distincts.

Quelques années après ce partage, le gouvernement de l'Inde occidentale invita le sultan Seïd Madjid à lui faire une visite officielle à Bombay. Il s'embarqua avec la plus grande pompe sur le bateau que le gouvernement de l'Inde avait mis à sa disposition. Il emmena aussi ses deux frères, Khalife, qui avait onze ans, et Nazour, qui en avait neuf. La réception, à Bombay, fut des plus fastueuses.

Le règne de ce sultan fut, du reste, sans grand intérêt. Son frère cadet, Bargach bin Saïd, qui lui succéda au trône, se distingua surtout par son amour excessif du luxe et de la somptuosité. Il avait été élevé à Bombay et c'est là, au contact du faste oriental de l'Inde, qu'il avait pris goût à la vie toute d'éclat extérieur.

Dès son accession au trône, il introduisit un ordre de choses tout à fait nouveau dans le palais du sultan. Au reste, il ne se contenta même pas du palais existant, mais en fit construire quatre nouveaux, dont celui de Bet-el-Adjaïb, le palais des miracles, est vraiment unique au monde par les richesses qui y sont amassées.

Sa seule œuvre qui ne fût pas inspirée par l'étalage du luxe fut l'installation d'adduction des eaux potables pour laquelle les habitants de sa capitale lui gardent une grande reconnaissance.

En 1875, le sultan Bargach fit un voyage en Europe et visita toutes les grandes capitales. Il se rendit aussi à Berlin. Quelques années plus tard, l'Allemagne prit à bail une partie de ses possessions africaines et mit ainsi le pied sur les côtes de l'Afrique orientale.

Sa vie privée fut très intéressante. Levé régulièrement à quatre heures du matin, le sultan entrait dans sa salle du trône tenant le Coran dans une main et une lampe dans l'autre. Il lisait alors à haute voix le livre sacré des musulmans. A quatre heures trente, douze Arabes entraient dans la salle en récitant des versets du Coran.

Vers cinq heures, en compagnie des *moutavahs*, —

hommes sans reproche, — il faisait sa prière. Ensuite,
c'est de nouveau la lecture du Coran. A six heures, —
c'est l'heure du lever du soleil à Zanzibar, — le sultan
déjeune avec les *moutavahs*. Après le déjeuner, c'est
de nouveau la prière, cette fois-ci en l'honneur du
soleil, car on remercie Dieu de l'avoir fait lever. Les
heures de recueillement ont ainsi pris fin et le sultan
se sépare de ses hommes sans reproche.

A sept heures, le sultan reçoit son chef de la
Sûreté qui lui fait son rapport, ce qui dure environ une
demi-heure. A sept heures et demie, c'est le tour des
ministres et des hauts fonctionnaires qui viennent
prendre les instructions pour les affaires en cours. Ce
n'est qu'à huit heures qu'il quitte la salle du trône. Il
se retire alors dans ses appartements privés et prend
son premier repas. Il est toujours seul à table, entouré
d'une dizaine d'eunuques qui restent là les bras croisés,
attendant ses ordres. A la fin du repas, le sultan
ordonne à l'un d'eux de desservir la table; c'est le signe
que la dame dont il a la garde est sa favorite pour la
journée.

C'est alors que commencent les audiences, puis les
assises du tribunal, qui durent toute la journée. A six
heures, c'est la cérémonie de la fin de la journée qui
commence. En grande pompe, le sultan annonce à ses
sujets que la journée est finie et qu'une nouvelle commence, car les musulmans comptent la journée du

coucher du soleil. C'est une grande solennité. Le sultan est sur la terrasse de son palais, entouré des grands dignitaires du palais. Son regard est fixé sur le disque solaire qui disparaît lentement dans la mer. Au moment où le soleil a tout à fait disparu, les canons saluent la journée nouvelle par une salve. La musique entonne l'hymne de Zanzibar et le drapeau du palais est abaissé à mi-mât.

C'est ainsi que la journée, chez les Arabes, commence par la nuit. Il est vrai qu'à Zanzibar, qui est près de l'équateur, c'est une pure formalité, le jour et la nuit ayant pendant toute l'année une durée égale. Le soleil se lève à six heures du matin et se couche à six heures du soir. Les heures sont comptées à partir de cette cérémonie.

Immédiatement après commence la lecture des prières du soir, après quoi le sultan se retire dans la salle du trône où il reçoit de nouveau ou s'entretient avec des personnes de sa suite. Puis viennent les prières de la nuit et c'est alors que le khalife se retire dans ses appartements.

Comme on le voit, le trône de Zanzibar n'est nullement une sinécure. Le sultan travaille effectivement seize heures par jour et avec une courte sieste dans l'après-midi, il ne lui reste que huit heures pour son repos.

Le sultan passe une grande partie de son temps à

lire le Coran, mais il faut dire que le Coran n'est pas uniquement un livre de dévotion. Ce livre sacré est en réalité un recueil de lois et un manuel indispensable pour tout juge musulman.

Le sultan actuel, Seïd Khalife bin Haroub, monta sur le trône en 1911 sous le nom de Khalife II. C'est le petit-fils du frère du sultan Bargach bin Saïd, ancien sultan de l'Oman et contemporain de Bargach.

Comme je l'ai déjà dit, ma première démarche après mon arrivée dans l'île fut de demander audience chez le sultan. En attendant une réponse, je m'enquis sur la vie de ce prince arabe.

Il est né à Mascate, en Arabie, en 1879. Il est membre de la dynastie royale des Albousaïd qui fut fondée par Ahmed le Terrible, sultan d'Oman vers la seconde moitié du dix-huitième siècle.

Au temps de son enfance, la dynastie était fortement ébranlée par les luttes des différents prétendants. Il grandit dans la maison paternelle sans même songer qu'un jour il pourrait devenir roi.

Durant sa treizième année, un événement d'une importance capitale eut lieu. Un de ses oncles, Seïd Hemad bin Touvehini, devint sultan de Zanzibar et invita son jeune neveu à le suivre dans l'île. Celui-ci accepta plutôt pour le plaisir de voyager que pour des buts politiques. Le voyage, par le yacht *Aboukir*, l'intéressa, en effet, énormément. La vie à Zanzibar lui

plut davantage encore lorsqu'il se rendit compte de
la différence qu'il y avait entre les fastueux palais de
l'île enchanteresse et les modestes demeures des
princes d'Oman.

Le jeune prince était très sympathique et actif. Il se
fit vite d'excellents amis dans sa nouvelle patrie et
son oncle se montra si bon envers lui qu'il le fit assister à tous ses levers.

L'année 1896 fut d'une importance capitale pour
les sultans de Zanzibar. La question de la succession
au trône fut ouverte et se compliqua à l'excès par
suite des intrigues allemandes. On ne saurait dire
comment cela se fût terminé si l'Angleterre n'avait
prêté son appui à Khalife II qui monta sur le trône
en 1911.

La question de la succession au trône avait été
ouverte d'une façon assez curieuse. Le sultan régnant,
Seïd Ali, et son cousin Seïd Khalife, actuellement
Khalife II, étaient partis ensemble de Zanzibar pour
l'Angleterre afin d'assister au couronnement du roi
George. Seïd Ali débarqua à Naples et poursuivit sa
route par chemin de fer pour Paris. Là, il interrompit
son voyage et le séjour qu'il fit dans la capitale française l'enchanta tellement qu'il se décida à abdiquer
le trône afin de s'y établir de façon permanente. Pendant ce temps, Seïd Khalife bin Haroub était arrivé
à Londres. Quoique l'affluence de souverains étrangers

fût très grande, Khalife II sut se faire remarquer et gagner les bonnes grâces des hommes d'Etat anglais, qui soutinrent sa cause de tout leur pouvoir et la firent triompher.

Je n'attendis pas longtemps pour être reçu en audience par Khalife II qui s'entretint avec moi pendant une heure. Il s'intéressa beaucoup à mes voyages, principalement aux Indes, en Chine et au Japon. Je pus converser sans interprète avec lui, car il parle parfaitement l'anglais.

A la fin de l'audience, le sultan me fit présent d'une magnifique canne en ivoire ciselée avec un art accompli et de très grande valeur. Je dis immédiatement qu'un tel présent était plutôt fait pour un roi que pour un modeste voyageur. Le sultan répliqua qu'il avait préparé un présent encore plus beau pour notre roi Alexandre dont il appréciait la bravoure et les exploits pendant la guerre. Il me remit alors une autre canne d'ivoire incrustée d'or et de pierres précieuses qui représentait un travail magnifique de ciselure.

Le séjour à Zanzibar me fut énormément facilité par cette audience. Je fus libre d'aller partout, de voir tout. Tous les palais s'ouvrirent devant moi et je pus tout examiner à loisir.

Parmi ces palais, celui qui frappe le plus l'étranger qui débarque à Zanzibar, c'est Bet-el-Adjaïb ou le Palais des Miracles. Ce palais se trouve sur les bords de la mer, dans le port. Il est tout entouré de vérandas et a une énorme tour à horloge au milieu. Il fut construit pour tenir lieu de palais des fêtes. En 1911, il fut occupé par le gouverneur anglais. En 1896, pendant le bombardement de la ville par les Anglais, il fut soigneusement épargné.

L'entrée est en lignes massives et graves. Deux vieux canons portugais en bronze sont postés des deux côtés en sentinelles. Ce sont des canons qui datent probablement du règne de Jean III de Portugal, c'est-à-dire entre 1521 et 1557. On y voit les armes royales, le drapeau portugais, la sphère terrestre en signe de la maîtrise des mers. Les noms de Diego Kern, Bartolomeo Diaz, Vasco de Gama et autres navigateurs célèbres y sont inscrits.

Outre ces deux canons à l'entrée, il s'en trouve encore un dans la cour. D'après une inscription sur l'un des canons, ils furent pris par les Arabes en 1622.

Le Palais des Miracles est célèbre par ses mosaïques et par sa grande cour qui fait l'impression d'un immense ouvrage de ciselure. Les portes sont toutes en bois sculpté, impressionnantes par la diversité fantaisiste des artistes orientaux dont elles sont l'œuvre.

Le palais du sultan se trouve de suite à côté, mais, d'une construction antérieure au sultan Bargach et remontant donc au temps des souverains modestes, il se distingue surtout par la simplicité de ses lignes.

Un autre édifice célèbre, c'est l'hôpital actuel, jadis résidence des consuls anglais. Dans cette immense maison ont séjourné tous les grands explorateurs anglais de l'Afrique : Livingstone, Berton, Speck, Cameron, Stanley, etc. C'est là que tous ont organisé leurs expéditions dans le continent africain.

A Zanzibar, cet édifice a la réputation d'être hanté par des esprits et toute sorte d'histoires de fantômes circulent sur son compte. Les Arabes sont, en général, très superstitieux et l'apparition d'esprits dans une maison leur semble une chose toute naturelle.

C'est ainsi qu'on raconte que dans l'ancien palais de Bet-el-Adjaïb, une dame arabe se promène, la nuit, dans les couloirs, accompagnée d'un chien noir. Nombreux sont les gens qui vont racontant qu'ils l'ont non seulement vue, mais encore entendu ses pas et bien distingué le froufrou de sa robe. Une de ces apparitions fut si nette et fut rapportée avec tant de précision qu'aucun indigène n'aurait jamais idée d'avoir le moindre doute sur sa véracité. Mon *cicerone*, très aimable, me donna même un livre dans lequel elle est relatée. Voici la traduction de cette relation faite « par une personne méritant toute confiance » :

« Ne voulant dormir dans aucune des petites chambres avoisinant la grande salle, je fis mon lit dans le salon de réception. Le chevet était tourné vers l'est et derrière moi une lampe se trouvait fixée au mur. Au milieu du salon se trouvaient trois grandes tables l'une à côté de l'autre et dans le plan de la longueur de la pièce. Une de ces tables se trouvait juste vis-à-vis de moi.

« J'étais très fatigué et je m'endormis profondément. Vers trois ou quatre heures du matin, je me réveillai en sursaut, je me mis sur mon séant, et je vis à la table qui me faisait face un homme en manteau blanc et avec une casquette qui lui cachait le visage. Il était tourné vers l'est et semblait regarder quelque chose avec beaucoup d'intérêt.

« Je dois dire que j'étais impuissant de faire un mouvement ou de dire quoi que ce soit. Cette apparition fut remplacée par une autre que je ne pus pas distinguer aussi nettement, mais celle-ci aussi était tournée vers l'est.

« Cette seconde apparition disparut aussi imperceptiblement que la première et ce n'est qu'alors que je me sentis la force de me mouvoir.

« J'ouvris immédiatement la porte et sortis dans le couloir. J'appelai les garçons et leur ordonnai d'aller immédiatement en informer le membre de la mission, actuellement prêtre de C..., qui m'invita à venir demeurer dans sa maison. J'acceptai avec plaisir, car je ne voulais absolument pas passer une nouvelle nuit dans cette maison maudite.

« Il est certain que sous les murs de cette maison

se trouvent de nombreux cadavres, car, d'après les traditions des nègres chrétiens d'ici, c'est à cet endroit qu'existaient jadis les caves où l'on jetait les esclaves en attendant leur transport vers des pays lointains où ils devaient être vendus. A présent, les esprits des victimes sacrifiées reviennent troubler le sommeil des héritiers de leurs maîtres cruels. »

Une chose est certaine, c'est que le sous-sol de Zanzibar regorge de squelettes et semble bien avoir été, dans le temps, une immense fosse commune.

Actuellement, la ville est très propre et agréable. Les rues étroites où parfois trois personnes ne peuvent marcher l'une à côté de l'autre, sont très pittoresques et donnent une impression d'intimité qu'on ne saurait jamais ressentir dans nos villes européennes où l'on se sent plutôt perdu dans la foule.

Cependant, il y a aussi, à Zanzibar, de grandes places spacieuses et monumentales. L'une des plus belles est celle devant la cathédrale anglaise.

Toute plantée de palmiers, cette place est l'ancien marché aux esclaves. Les passants, Anglais et Anglaises en costumes blancs, femmes musulmanes à manteaux noirs et aux visages voilés, Européens de toutes nationalités, musulmans en turbans, tous mêlés à la masse des nègres, donnent un aspect bariolé et pittoresque à cette ville tropicale.

A Zanzibar se rencontrent, d'une façon vraiment

curieuse, la civilisation et la sauvagerie, la distinction et la grossièreté, la finesse européenne, le mysticisme asiatique et la primitivité africaine. On y trouve des rues arabes en zigzag, étroites, sans alignement, avec des barreaux aux fenêtres et de petites portes dérobées. Cependant, il n'est pas besoin d'aller loin pour déboucher sur un grand boulevard aménagé tout à fait à l'européenne, large, planté d'arbres, pavé en asphalte, d'aspect très aristocratique. Mais de suite après, vous vous retrouvez dans un quartier nègre qui vous transporte parmi les indigènes du lac Victoria. Vous y voyez des nègres Souahils qui se sont bâti des maisons exactement pareilles à celles qu'ils avaient sur le continent africain. Evidemment, elles ont ici un aspect plus régulier, elles sont plus spacieuses, possèdent des meubles. Elles sont précédées d'ordinaire d'une véranda couverte de chaume par laquelle on pénètre dans la « maison », c'est-à-dire dans la cuisine et dans la chambre à coucher. Elles sont toujours entourées de palmiers et de bananiers.

Les Souahils, ou, comme ils s'appellent ici, les Zanzibariens, sont des gens intéressants, surtout au point de vue de leurs préjugés. C'est ainsi qu'à chaque éclipse de la lune ils sortent toutes leurs grosses caisses et tous les bidons de pétrole qu'ils possèdent et commencent à faire un tapage épouvantable qui ferait croire à une émeute de toute la population. C'est pour chasser le serpent qui est en train de manger la lune et qui, sans leur boucan, ne tarderait pas à la digérer. Impossible de dissuader ces gens, car ils savent, par expérience, qu'ils ont toujours réussi en moins d'une demi-heure à sauver l'astre de la perdition.

Les Souahils forment une branche de la tribu des Bantous qui peuple toute l'Afrique orientale et méridionale. Par le croisement avec d'autres races, ils se sont sensiblement transformés, mais sont restés aussi déloyaux et fourbes qu'avant. Il y a parmi eux beaucoup plus de voleurs que dans n'importe quelle autre tribu et l'évêque anglican, le Révérend Steere, affirme que le nom de Souahil leur vient de deux mots : *soua* et *hil*, qui veulent dire « toujours escroc ». C'est très probable, car on ne saurait mieux préciser leur principal trait de caractère.

Les Souahils n'habitent pas seulement Zanzibar et Pemba, ils forment la population principale des rivages de l'océan Indien du Somaliland italien à la rivière Rovouma qui forme la frontière entre Tanganyika et le Mozambique. A l'encontre des nègres du continent qui n'aiment pas la mer, les Souahils sont d'excellents marins.

Les habitants principaux du sultanat de Zanzibar sont les Arabes. Il faut toujours se souvenir, à leur sujet, que le mot d'Arabe ne désigne pas une nationalité, mais une race, à l'instar des Latins, des Ger-

mains, des Slaves, et qui peuple la Palestine, l'Arabie,
l'Egypte, toute l'Afrique septentrionale y compris le
Maroc.

A Zanzibar, les Arabes se départagent en classes.
L'aristocratie est formée par les Arabes de l'Oman.
Ce sont des gens très distingués, sérieux, d'une grande
dignité. Les Anglais disent d'eux que ce sont de par-
faits gentlemen, ce qui est exact. Ce sont des gens
calmes, de bonnes manières et très bien élevés. Ils
sont très hospitaliers et, quoique musulmans, nullement fanatiques au point de vue religieux.

Le second groupe est formé par les immigrés de
l'Arabie méridionale, les Mchihirs, de taille moyenne
ou petite, au visage oblong et à la tête chauve. Ce sont
d'ordinaire des commerçants ou des artisans et jouent
un rôle assez important sur le marché. Ils habitent un
quartier spécial de la ville.

Le troisième groupe est celui des Arabes venus du
continent africain, principalement pendant le règne
de Seïd Saïd. Ces Arabes sont très prétentieux, mais ne
sont ni nombreux ni unis et par cela même n'ont pas
beaucoup d'importance.

Il faut mentionner aussi les Hindous, qui sont au
nombre de dix mille et qui sont venus ici pour s'adonner au commerce ou à la spéculation. Ils sont tous
sujets britanniques et, au point de vue religieux,
musulmans ou brahmanes.

Ce n'est pas sans un certain regret que j'ai quitté l'île de Zanzibar, à l'atmosphère si douce et parfumée et dont j'ai toujours conservé un souvenir des plus agréables. C'est sur un bateau anglais que je me suis embarqué pour Dar-es-Salam. La mer était tranquille et la traversée ne fut pas longue. En quelques heures, nous fûmes en vue de la côte africaine qui donne ici l'impression d'une immense toile étendue sur la surface de la mer et qui, parsemée d'innombrables perles, reluit au soleil. N'était la silhouette sombre des chaînes montagneuses, dans le fond, on n'aurait pas l'impression de se trouver devant la côte.

Le premier port dans lequel nous accostâmes fut celui de Bagamoïo. Comme le bateau devait y stationner pendant deux heures pour prendre des chargements, je descendis voir la ville. C'est un centre commercial qui eut une grande importance avant la construction de la ligne de chemin de fer de Dar-es-Salam au lac Tanganyika, car c'était le point de départ des caravanes qui parvenaient au lac en soixante-dix jours. Mais depuis la construction de la ligne, tout le trafic est passé à Dar-es-Salam et Bagamoïo a commencé à péricliter rapidement. Le port ne dessert plus que la ville elle-même. Une mission française assez importante y est établie et c'est aussi le siège d'un évêché.

De Bagamoïo à Dar-es-Salam, le bateau longe la côte

du territoire cédé à bail par le sultan de Zanzibar. Après quelques heures, notre bateau entra dans le port de Dar-es-Salam, la capitale de l'ancienne colonie allemande de Tanganyika, actuellement sous l'autorité anglaise. Ce nom a la signification de « port de la paix ». Vue de la mer, la ville est assez étendue et dans son milieu s'élève une cathédrale gothique tandis que dans le port quelques édifices attirent l'attention. Son nom lui vient de ce que le port est fermé de tous côtés et très bien protégé des vents.

On construit beaucoup de bateaux à voiles à Dar-es-Salam. C'est que les Souahils sont d'excellents marins et ce sont eux qui, avec ces petits bateaux, assurent les transports côtiers de Mozambique au Somaliland italien.

La ville est neuve. Elle fut fondée en 1862, par le sultan de Zanzibar Seïd Madjid, mais après sa mort elle fut abandonnée. En réalité, ce n'était même pas une ville, à cette époque, mais un village insignifiant. En 1887, le colon allemand Peters se rendit acquéreur de ce village qu'il considérait plutôt comme une grande ferme. Mais la position même de Dar-es-Salam fit que le gouvernement allemand choisit cet endroit pour y établir la capitale et le port principal de sa colonie d'Afrique Orientale.

La ville est belle et bien ombragée, comme toutes les villes neuves. Les maisons sont adaptées au climat.

On y voit deux églises, l'une catholique, l'autre pro-
testante. Le jardin zoologique et de beaux parcs
abondent en verdure.

Le quartier des indigènes est séparé de la ville européenne par un grand parc planté de palmiers. Là
aussi, on voit des rues larges et bien pavées, mais les
maisons ne sont plus que des cases qui se perdent
parmi les arbres, en sorte qu'on a plutôt l'impression
d'être dans un bois que dans un quartier habité.

C'est par l'achat de quelques cases sur le territoire
de Dar-es-Salam par le colon Peters qu'a débuté l'expansion allemande en Afrique orientale. En réalité, le
gouvernement allemand songeait déjà à la création
d'un empire colonial, mais les études allaient très lentement. Lorsque Peters, qui était explorateur, rentra
en Allemagne, il proposa au gouvernement de prendre
à bail les territoires du sultan de Zanzibar sur le continent africain. Des pourparlers furent entamés et
l'affaire réussit assez vite, l'Angleterre n'ayant pas fait
d'opposition. Le sultan céda à l'Allemagne tout le territoire depuis la frontière de Mozambique jusqu'à celle
de Kenia.

La direction de la première expédition fut confiée à
Peters qui vint occuper le territoire cédé en 1887 avec
quelques navires et une petite troupe. A ce moment,
Bagamoïo et Kiloa étaient les principaux ports dans
cette partie de l'océan Indien. Le territoire fut occupé

peu à peu. La ville principale, dans l'intérieur, était Tabora, qui, à ce moment, constituait le marché d'esclaves le plus connu dans la région de Tanganyika. Une Société allemande de l'Afrique orientale fut fondée sur le modèle de la Société anglaise des Indes.

Cependant, l'occupation du territoire par les Allemands n'alla pas sans résistance de la part des indigènes. Ceux-ci, et principalement les Arabes et les Hindous, se révoltèrent à plusieurs reprises.

Plusieurs révoltes éclatèrent, tout d'abord dans la localité de Tangani sise sur la côte, en face de Zanzibar même. Là, s'était formé, sous la conduite d'un Arabe du nom de Bouchiri ben Salim, un parti dont le but était d'empêcher la mainmise de l'Allemagne sur l'Afrique orientale.

Bouchiri avait été auparavant officier dans l'armée du sultan de Zanzibar et avait une grande autorité sur ses soldats, en majorité Arabes et anciens esclaves nègres. C'était un homme cruel qui n'hésitait devant aucun moyen pour atteindre son but.

Conformément au contrat conclu entre le sultan de Zanzibar et la Société allemande de l'Afrique orientale, Seïd Khalife I envoya ses troupes contre les insurgés de Tangani. Mais ces troupes n'étaient ni assez fortes ni assez disciplinées pour affronter les insurgés qui étaient leurs coreligionnaires, et pour le compte des Allemands qui étaient des étrangers. Elles réussirent à grand'peine à libérer les fonctionnaires allemands assiégés et à les conduire sur les navires.

Bouchiri devint maître de la situation et la révolte s'étendit très vite tout le long de la côte. La lutte fut dure et menée avec la plus grande cruauté de part et d'autre.

Le gouvernement allemand dut envoyer des renforts puissants et fit voter par le Reichstag, le 30 janvier 1888, 2 millions de marks pour la formation d'une armée africaine. Le capitaine Wissmann fut envoyé au Caire pour recruter des Egyptiens dans ce but et fut nommé commissaire d'Etat de l'Afrique orientale.

Par suite du retrait des troupes du Soudan, un grand nombre d'hommes devaient être libérés et le gouvernement égyptien ne demandait pas mieux que de s'en débarrasser.

Environ six cents nègres avec leurs femmes et enfants furent embarqués pour Aden où ils devaient d'abord s'exercer et se former à la discipline.

Vers le commencement d'avril, ces troupes furent transportées à Zanzibar, de même que soixante Somalis et cent Zoulous. A ce moment, les villes de Bagamoïo et de Dar-es-Salam se trouvaient en grand danger et demandaient aide d'urgence.

Le 23 septembre 1887, les insurgés attaquèrent Bagamoïo avec toutes leurs forces. Les Allemands envoyèrent un détachement de soldats par le navire de guerre *Leipzig* qui prit contact avec l'ennemi ; celui-ci incendia toutes les cases dans les environs de la ville, appartenant principalement aux Hindous.

Mais à ce moment arriva Bouchiri avec plusieurs centaines d'hommes et assiégea formellement la ville et éleva des fortifications. Il visait surtout à s'emparer d'une caravane forte de mille hommes environ qui avait apporté de grandes quantités d'ivoire. Cependant, des renforts étant de nouveau arrivés, il dut se retirer avec des pertes sensibles.

La situation n'était pas meilleure à Dar-es-Salam qui était de même assiégée. Cependant, les insurgés ne purent tenir longtemps et après quelques mois de combats assez sérieux, les Allemands réussirent à prendre pied définitivement dans la colonie qu'ils organisèrent militairement.

L'ancienne colonie allemande d'Afrique orientale, Tanganyika, est très riche et son exportation fut, la dernière année avant la guerre, quatre fois supérieure à celle de l'Ouganda.

Dar-es-Salam étant reliée par une ligne de chemin de fer au lac Tanganyika qui se trouve à la frontière du Congo belge, je me dirigeai de ce côté. J'allai faire viser mon passeport au consulat de Belgique. J'appris là, non sans un grand étonnement, que tout voyageur désirant aller au Congo belge doit déposer un cau-

tionnement de pas moins de 100 000 francs belges.
J'étais dans l'impossibilité de répondre à cette condition, mais Sa Majesté le sultan de Zanzibar me tira
d'affaire en se portant garant pour moi pour cette
somme.

J'obtins alors le visa de mon passeport et me mis
en route dès le lendemain.

La ligne de chemin de fer qui va de Dar-es-Salam
au lac Tanganyika, dans le centre de l'Afrique, est
une ligne plutôt stratégique que commerciale. Tandis
que les courtes lignes qui existent dans l'Ouganda
relient entre elles des contrées fertiles qui peuvent
attirer les colons et qui ont un trafic assuré, celle-ci
traverse des pays presque inhabités et très insalubres.
C'est pourquoi le trafic y est insignifiant et les envois
de marchandises se font presque toujours d'une station extrême à l'autre. Ce n'est que par la construction de lignes secondaires qui relieraient cette ligne
principale aux contrées fertiles que la situation pourrait s'améliorer. Les Anglais l'ont compris et ont déjà
commencé la construction de ces lignes.

Partir des bords de l'océan Indien pour le centre
africain, c'est passer d'un monde à un autre. Quoique
même sur la côte tout ne soit pas rose, le changement
ne fait que perdre en agréments à mesure qu'on s'en
éloigne. La nature même n'y a pas grand'chose à
offrir à la vue du voyageur.

La première station, Morogoro, se trouve à 150 kilomètres de Dar-es-Salam. Pendant la guerre, les Anglais étant vite devenus maîtres des côtes, les Allemands transportèrent ici leur centre administratif. La situation stratégique de la localité est favorable et c'est pourquoi elle se rendit la dernière dans toute la colonie. Les indigènes de la contrée, que les Allemands purent gagner à leur cause, appellent Morogoro « la grande forteresse », ce qu'elle est en effet.

Peu après cette station, nous entrons dans un pays montagneux. Le train ralentit sa marche, ayant sans cesse à monter des côtes jusqu'à ce qu'il se soit élevé sur le grand plateau central de Tanganyika qui s'étend sur plusieurs districts, un district dans ces régions étant aussi vaste qu'un Etat en Europe. La capitale du Tanganyika central, Tabora, se trouve sur ce plateau.

Les stations sont rares sur toute la ligne et sont presque toujours distantes d'une centaine de kilomètres. Du reste, à voir les rares voyageurs qui y montent ou en descendent, on a plutôt l'impression que même les stations existantes sont superflues. En ce qui concerne les nègres de ces contrées, ils sont à un niveau de développement très bas et se servent très peu du chemin de fer.

Toutes ces tribus, depuis le lac Victoria jusqu'à celui de Tanganyika, sont réfractaires à toute civilisation et surtout à la science des hommes blancs. La plupart des explorateurs en ont fait l'expérience.

C'est ainsi qu'en 1906, deux explorateurs anglais, Jordan et Sanderson, qui voyageaient surtout dans le but d'acquérir de grandes quantités d'ivoire, s'établirent dans les contrées avoisinant le lac Victoria. Un beau jour, ils furent étonnés de voir entrer dans leur tente un officier britannique qu'ils connaissaient tous deux et qui exerçait un commandement dans la contrée de Kissi. Leur surprise fut encore plus grande lorsqu'ils apprirent qu'un chef de tribu s'était révolté et l'avait purement et simplement chassé de sa résidence. Il lui avait interdit même de s'approvisionner d'eau et il avait dû abandonner la place.

Ils apprirent à cette occasion une chose qui les intéressait particulièrement, c'est-à-dire que ces nègres possédaient de grandes quantités d'ivoire. Jordan décida immédiatement de tenter l'aventure, et, dès le lendemain, il se mit en route avec vingt hommes et deux interprètes.

Parvenu dans le pays montagneux qu'habitaient ces nègres, Jordan demanda à parler au chef de tribu qui se donnait le titre de sultan. Son véritable nom était Magoïr. C'était un homme de stature imposante, d'allures franches et en général d'aspect sympathique.

L'Anglais lui dit qu'il n'était venu que pour faire du commerce, sans autre intention. Afin de le mettre

en bonne humeur, il lui fit présent d'une gourde et
d'autres bricoles que les nègres adorent.

Magoïr, abasourdi par tant de prévenance, se déclara
immédiatement ami de l'Anglais, mais ajouta que son
autorité dans la tribu était très restreinte. Ce n'était
pas lui le chef effectif, mais un magicien qui, par ses
miracles, terrorisait les indigènes et l'emplissait de
crainte lui-même.

Jordan comprit tout de suite qu'il ne s'agissait pour
lui que de démontrer devant les nègres sa supériorité
sur le magicien et qu'alors tout irait bien. C'est pourquoi il demanda à Magoïr de faire venir immédiatement ce magicien.

La présence de l'homme blanc et son désir de parler
avec le magicien furent bien vite connus partout et
les nègres affluèrent par centaines vers la tente du
chef. Bientôt vint le magicien lui-même, entouré d'une
nombreuse suite.

C'était un homme vraiment peu ordinaire, à visage
déformé et aux yeux exercés à bigler de telle façon
que cela pouvait apeurer des gens simples. Sur les
bras et les jambes, il avait des espèces de bijoux à gre-
lots qui faisaient grand bruit à chacun de ses mouve-
ments. Mais, ce qui le rendait encore plus terrible aux
yeux des nègres, c'était un crâne qu'il s'était collé sur
la tête.

Il était évident qu'il voulait impressionner l'Anglais

de la même façon. Celui-ci lui demanda immédiatement s'il pouvait empêcher un fusil de tirer. Le magicien répliqua que c'était la moindre des choses pour lui. Il prit le fusil et se mit à l'emplir de certaines herbes en lisant des prières. Enfin, il déclara que son opération était finie et que le fusil était rendu inoffensif.

Jordan, naturellement, répliqua qu'il tirerait quand même, se fit une cible d'une boîte et la traversa d'une balle. Mais il ne s'arrêta pas là. Il voulut montrer aux nègres que les magiciens blancs sont encore plus forts que les magiciens nègres. Il s'avança vers son rival, l'hypnotisa d'un regard et lui suggéra l'idée qu'il avait de terribles maux d'estomac et qu'il allait mourir. Le magicien fut pris de panique et commença à se tordre de douleur en gémissant de toutes ses forces.

Jordan lui offrit un remède, mais il le refusa, craignant que ce ne fût un poison. Enfin, voyant son autorité fortement ébranlée et commençant à craindre la vengeance de Magoïr, il prit une cuillerée de moutarde que lui tendit Jordan et ses douleurs cessèrent comme par enchantement. Il profita de ce répit que Jordan lui avait laissé pour s'éloigner à pas précipités.

Le sultan, ravi de s'être débarrassé ainsi de son concurrent, offrit une défense d'éléphant à l'Anglais, mais celui-ci déclara vouloir en acheter encore deux autres qu'il savait en la possession du nègre. Le marché fait, il se mit à faire ses préparatifs de départ pour le lendemain matin.

Au milieu de la nuit, il se réveilla en sursaut, entendant des pas à proximité. Il sortit prudemment et rencontra un individu qui lui dit qu'il était esclave du magicien qui l'avait fait prisonnier pendant une razzia et qu'il était venu lui dire que son maître préparait ses hommes pour attaquer son expédition sur le chemin du retour.

Jordan partit malgré ce danger. Il put faire un bout de route sans être inquiété, mais bientôt il remarqua que des hommes étaient cachés dans l'herbe le long de la route. Ils se trouvèrent devant quelques cases et virent le magicien sortir de l'une d'elles accompagné de quatre hommes.

Jordan essaya de parlementer avec lui pour pouvoir passer librement, mais le magicien lui répondit en lançant son javelot qui, du reste, ne fit qu'effleurer les vêtements de Jordan. A ce signal, tous les autres nègres s'élancèrent sur les étrangers, mais ceux-ci firent usage de leurs revolvers. Au bruit des détonations, tous les nègres, et le magicien lui-même, quoique un seul homme ait été blessé, s'étendirent par terre, ne demandant pas mieux que de voir l'Anglais disparaître avec sa troupe.

C'est ainsi qu'une des plus importantes tribus de l'Afrique centrale apprit l'existence des armes à feu.

Cependant, malgré tout, ce ne sont pas les hommes qui sont les plus dangereux dans ces vastes plaines et ces forêts vierges. On ne saurait dire à quel danger il ne serait pas possible de s'y heurter, à commencer par l'air avec ses moustiques et ses mouches si redoutables, jusqu'à l'eau avec ses crocodiles et ses hippopotames et la terre avec ses fauves et ses reptiles.

Seuls les éléphants, parmi toute cette faune tropicale, font encore figure de gros animaux inoffensifs que les hommes s'acharnent à exterminer.

Le Tanganyika abonde non seulement en éléphants et en lions, mais aussi en léopards. De Tabora, où j'étais descendu pour voir le pays de plus près, j'ai organisé une chasse avec un Anglais dont j'avais fait connaissance en cours de route.

Nous étions partis à la chasse au gros gibier, mais le hasard voulut que pendant les trois quarts de la journée nous ne rencontrâmes que des antilopes et des gazelles. Nous avions déjà la conviction que nous devrions retourner bredouilles ce jour-là, lorsque nous vîmes, sur le sentier que nous suivions à travers les herbages, s'avancer vers nous un immense serpent. C'était un boa.

Je ne saurais dire s'il ne nous avait pas vus ou si notre présence ne lui inspirait aucune crainte, mais ce serpent, imposant par sa longueur, rampait lentement dans notre direction comme s'il était sûr d'avoir à nous dévorer quoi que nous fassions. Il s'approcha ainsi à 2 mètres de nous. C'est alors seulement qu'il ouvrit sa gueule monstrueuse et fixa sur nous son regard perçant. Mais j'avais déjà pris mon fusil par le bout du canon et, choisissant le moment propice, je lui assenai un fort coup de crosse sur la tête. Le reptile commença à se tordre de tout son corps, mais un autre coup l'acheva. Nous le fîmes rapporter à Tabora, nous promettant de profiter de la première occasion pour chasser le léopard.

Ce pays fourmille de serpents et on y trouve, outre le cobra, une autre espèce, le *mamba*, qui est tout aussi venimeux. On dit que c'est aux Indes que la population est le plus éprouvée par ces terribles reptiles, mais il faut bien tenir compte de ce qu'aucune statistique n'existe au sujet des ravages qu'ils font dans la population du Tanganyika, bien plus mal protégée. Il est très probable que la proportion des victimes serait ici supérieure à celle des Indes si elle était connue.

Tabora eut un moment de grande célébrité. En effet, c'est là que Stanley retrouva Livingstone après de longues recherches dans toute l'Afrique centrale. Actuellement, la ville compte 37 000 habitants, dont seulement 73 blancs.

# CHAPITRE VIII

# Le lac Tanganyika, le Congo belge, Katanga, Elisabethville

La ligne de chemin de fer qui m'a amené de Dar-es-Salam à Tabora s'étend sur 400 kilomètres encore vers l'ouest. 400 kilomètres ! En Europe, c'est une distance qui souvent s'étend sur plusieurs Etats. Ici, elle sépare deux chefs-lieux d'arrondissement. Ici tout est compté en grand : les baies sont de véritables mers, les départements sont plus grands que bien des royaumes en Europe. Et tout est à l'avenant, sauf la population, qui, malgré la fertilité des régions tropicales, est tellement clairsemée que ces régions paraissent inhabitées.

Jusqu'à Kigoma, sur le lac Tanganyika, nous ne nous arrêtâmes que dans quelques stations. Il y eut des contrées où le train roula pendant plus de 100 kilomètres sans arrêt.

Les rares habitants de ces contrées appartiennent toujours à la tribu des Souahils. Ils sont aussi menteurs et voleurs que ceux de Zanzibar. Les Allemands les ont toujours traités brutalement, mais les Anglais ayant interdit la bastonnade, les vols ne font que se multiplier. Leur langue est répandue sur toute la partie orientale de l'Afrique et un Souahil peut se faire comprendre partout dans ces contrées.

La colonie de Tanganyika est un territoire immense qui s'étend entre l'océan Indien et les grands lacs de l'Afrique centrale : Victoria, Nianza, Tanganyika et Nyassa. C'est de ce dernier dont je me trouve le plus près en ce moment.

On affirme que le premier Européen qui arriva à ce lac fut le Portugais Louis Mariano, en 1824 ; cependant, les Anglais attribuent ce mérite à Livingstone, qui vint beaucoup plus tard dans ces parages. Le lac Nyassa a une longueur de plusieurs centaines de kilomètres, et, de quelque part qu'on le regarde, il donne l'impression de la mer ; en effet, il a environ 300 milles de longueur et 60 milles de largeur. Sa profondeur permet la navigation aux bateaux de toutes dimensions. Sa surface est toujours agitée par les vents et c'est pourquoi Livingstone l'a appelé le « Lac des Tempêtes ».

Toutes les contrées environnantes, qui forment des territoires d'une étendue immense, sont très peu peuplées. Cela tient à ce que le trafic d'esclaves y a été mené très activement par les Arabes. Les tribus nègres

se sont massacrées mutuellement pendant des siècles;
pour fournir des esclaves aux Arabes qui les reven-
daient jusqu'en Turquie. Pendant des siècles, les Turcs
ont recruté leurs eunuques de harems parmi les nègres
de l'Afrique centrale. Les puissances européennes ont
enfin fait cesser ce trafic honteux, mais il est fort dou-
teux que ce qui est resté de la population nègre puisse,
avant longtemps, se multiplier au point de pouvoir
exploiter le pays utilement.

Les environs du lac Nyassa sont très fertiles. C'est
un vaste plateau spécialement convenable à la culture
du café et c'est pourquoi les plantations se multiplient
constamment.

Après environ 400 kilomètres de voyage en chemin
de fer, nous arrivâmes à Kigoma, le point terminus
de la ligne et qui est aussi le port principal sur le lac.
C'est une localité guère intéressante et où l'on a hâte
de passer à Albertville, sur la rive occidentale du lac
Tanganyika, dans le Congo belge.

Le lac Tanganyika se trouve à 765 mètres d'altitude
et a une forme oblongue. Il a une superficie d'environ 30 000 kilomètres carrés, ce qui est égal à celle
de la Suisse. La différence est que le lac a une longueur
de 720 kilomètres, tandis que la largeur en est de douze
à quinze fois moindre.

Les premiers Européens qui parvinrent au lac Tanganyika furent Berton et Speck. C'est en 1858 qu'ils

vinrent à Oudjidji, près de Kigoma, où ils furent surpris par l'immensité du lac et le développement de la ville. Ce n'est que onze ans plus tard que Stanley et Livingstone se retrouvèrent avec Berton dans ces parages.

Le premier bateau à vapeur fut lancé sur le lac en 1884. Actuellement, toute une flotte y navigue, assurant les communications régulières entre les différentes localités riveraines.

Les environs sont très pittoresques. Les rives sont partout rocheuses, sauf sur une partie, près d'Oudjidji. La partie occidentale, appartenant à la Belgique, est montagneuse et beaucoup plus salubre que la rive orientale.

Albertville est une localité toute petite et toute nouvelle. C'est un chef-lieu de département et, tout naturellement, le gros de la population est formé par les fonctionnaires belges. Le train attendait déjà les voyageurs du bateau, en sorte que je n'eus pas besoin de m'y arrêter longtemps. Presque immédiatement, nous nous trouvâmes de nouveau roulant à travers champs, parmi les palmiers et les cocotiers, vers l'intérieur de l'immense territoire du Congo belge.

Et voici ce qu'est la civilisation. Il y a cinquante ans, c'était un véritable miracle que de parvenir au lac Tanganyika. Lorsque Stanley alla retrouver Livingstone à Oudjidji, ce fut un véritable acte d'héroïsme,

pour lequel il fallut recruter toute une armée et guer-
royer avec les indigènes. Actuellement, les trains circulent à travers ces mêmes contrées et les voyageurs
ont toutes les commodités auxquelles ils sont habitués
en Europe.

La ligne sur laquelle je me trouve a 250 kilomètres
de longueur. Nous longeons continuellement des forêts
où l'on voit des arbres de toutes essences. Ce sont là
les véritables forêts vierges dont nous avons entendu
tant parler dans notre enfance. La ligne fut construite
pendant la guerre comme ligne stratégique devant
servir principalement au ravitaillement des troupes
belges, et, naturellement, elle offre beaucoup d'inconvénients dans le temps de paix.

Le parcours d'Albertville au point terminus, à
Kabala, dure exactement vingt-quatre heures. Cette
dernière ville, comme elle est indiquée sur les cartes
géographiques, est composée de deux maisons. Elle se
trouve sur la rivière Louapoula, l'un des affluents
principaux du Congo, navigable pendant une bonne
partie de l'année.

Le malheur voulut que j'arrivasse à Kabala juste
au moment où le Louapoula n'est pas navigable. Il ne
me restait qu'à faire le chemin jusqu'à Boukama par
des moyens de fortune.

Je me mis immédiatement en devoir de former une
caravane. J'engageai une vingtaine de nègres pour

transporter mes bagages et moi-même, car il m'eût
été impossible de faire la route à pied, par les chaleurs
torrides de ce pays.

Nous eûmes continuellement à nous mouvoir à travers les forêts tropicales. Les rares éclaircies que nous
rencontrâmes ressemblaient elles-mêmes plutôt à des
forêts, avec leurs herbes hautes et touffues, dépassant
largement la hauteur d'un homme.

Les nègres sont très prévenants envers les blancs.
Ils sont très agiles, mais excessivement arriérés. Ils
sont partagés en des tribus nombreuses qui n'occupent
parfois que trois ou quatre villages, mais qui ont chacune leur langue distincte et leurs coutumes, en sorte
qu'elle représente une entité ethnique. Par bonheur, ils ont aussi une langue commune, ce qui facilite
beaucoup les choses, car on n'a pas besoin de changer
d'interprète à chaque instant.

Tous les nègres de ces contrées font preuve d'une
immodération excessive à tous les points de vue. Ils
mangent et boivent sans mesure et sont aussi immo-
dérés au point de vue sexuel. C'est pourquoi ils vieillissent très vite.

Le pays abonde en serpents, de même que toute
l'Afrique centrale. J'eus l'occasion, en cours de route,
de tuer plusieurs buffles.

Tout le pays à l'est du lac de Tanganyika est très
pluvieux et, à certaines époques, il ressemble plutôt

Préparation d'un festin dans la colonie yougo-slave du Transvaal.

Eléphant apprivoisé dans le Congo belge.

CAIRE AU CAP.

à une éponge humide qu'à de la terre. C'est, avec le
Kordofan et l'Ouganda, le pays d'élection des éléphants
et des lions. Cependant, il est beaucoup plus facile,
ici, de tuer un lion qu'un éléphant. En effet, ce dernier
est pour ainsi dire protégé par la loi, l'autorisation
pour la chasse coûtant presque autant qu'un éléphant.

La contrée que nous traversions appartenait au cours
de la rivière Loualabé. Le cinquième jour de marche,
nous arrivâmes dans la partie de son cours où elle
forme plusieurs lacs. C'est d'ici que la rivière devient
navigable, entre Boukama et Kabala, assurant ainsi
un moyen de communication entre les deux lignes
de chemin de fer qui se terminent dans ces deux localités.

Une curiosité que j'eus l'occasion de voir là, ce fut
une fourmilière tropicale, dont on peut se faire une
idée en se représentant un monticule de terre fraîche-
ment remuée, de la hauteur d'une maison. Je ne pus
pas croire, au premier moment, que c'étaient bien des
fourmis qui avaient amassé et remué tant de terre,
mais les nègres voulurent me le prouver, et, s'armant
de bêches, ils commencèrent à détruire l'œuvre for-
midable des petits insectes. Ils ne purent pas continuer
longtemps ce travail : les fourmis commencèrent une
forte offensive, envahirent leurs vêtements, se mirent
à les piquer par centaines. Ils durent renoncer à la
destruction de la fourmilière. Cependant, une bonne

partie en était ravagée et quel ne fut pas mon étonnement, le lendemain matin, lorsque, en passant de nouveau par cet endroit, je vis que tout avait été remis en ordre. Les braves fourmis avaient travaillé toute la nuit, mais elles avaient rebâti leur maison.

Ce fut le huitième jour que notre randonnée à travers la forêt vierge prit fin. Nous arrivâmes à Boukama, le point terminus de la ligne de chemin de fer qui descend vers le sud, sans interruption, jusqu'au cap de Bonne-Espérance.

La ville de Boukama est une petite localité entourée de marécages et, par conséquent, très insalubre. On n'y voit, du reste, que les fonctionnaires que leur service oblige d'y résider, mais il est certain que cette ville sera déplacée dès que le prolongement de la ligne de chemin de fer sera chose accomplie.

Après un arrêt d'une journée dans cette localité, je continuai mon voyage vers le sud. Ici, et jusqu'à la province de Katanga, le voyage en chemin de fer n'est vraiment pas un agrément et j'ai vite regretté mes porteurs et la forêt vierge où, du moins, il était possible de respirer.

Nous ne sentîmes un peu de fraîcheur que lorsque nous entrâmes dans les pays montagneux du Katanga. Celui-ci forme la partie méridionale du Congo belge et se divise en deux parties : celle du nord qui est située entre le Congo et le Zambèze ; c'est une contrée à climat tempéré où se trouvent les principales villes habitées par des Européens : Sakania, Elisabethville, Kambov et Likassi. Le Katanga méridional est un pays de vallées basses au climat tropical. Les deux parties sont également riches en minerais.

Dans le Katanga méridional, on sent nettement que l'on quitte l'Afrique centrale. La végétation n'est déjà plus aussi exubérante, les palmiers se font rares. Le climat commence à ressembler à celui de l'Europe méridionale. L'Européen n'a qu'une maladie à craindre, c'est la malaria. La mouche tsé-tsé n'est dangereuse que pour les animaux.

Le premier arrêt assez long que je fis fut à Elisabethville.

C'est une ville tout à fait nouvelle où l'on peut trouver tout le confort désirable. Elle fut fondée, en 1910, par le général Vangermé, le premier gouverneur de Katanga, qui choisit son emplacement et lui donna le nom d'Elisabethville, en l'honneur de sa reine. La ville se trouve à proximité de la rivière de Louboumbacha. Dans les environs, se trouvent les fabriques de l'Union minière du Katanga qui forment un immense complexe d'usines et de fonderies.

La ville elle-même fut édifiée par les autorités militaires. Des milliers d'arbres furent abattus, d'innombrables fourmilières détruites. Ce fut un travail difficile, car les fourmis secrètent une espèce de colle qui

rend la terre de leurs fourmilières tellement dure,
que, parfois, on ne peut les détruire sans l'emploi de
la dynamite.

Dès que le terrain fut déblayé, on traça des rues
larges et droites, qui donnent maintenant à cette localité l'aspect d'une ville américaine. Le seul inconvé-
nient qu'on y trouve est le manque d'eau. Les environs de la ville sont très pittoresques et offrent beaucoup d'excellents buts d'excursion.

Tout le Katanga est très riche en minerais. C'était
un fait connu bien avant l'arrivée des Européens.
Après sa séparation d'avec Livingstone, Stanley lui écri-
vait qu'il se dirigeait au sud-ouest, vers les mines de
cuivre du Katanga. Les indigènes exploitaient déjà certaines couches de minerais et se faisaient de petits
objets de cuivre. Des recherches, effectuées par différentes sociétés, amenèrent bientôt la découverte de
gisements de zinc, de houille, de fer, d'or, de man-
ganèse et même de champs de diamants.

L'exploitation de ces richesses minières a fait complètement négliger les fauves et le gibier, dont la
chasse pourrait être très fructueuse au Katanga. Des
troupeaux de buffles et d'antilopes y vivent en liberté
et personne ne se soucie ni de leur viande ni de leurs
peaux. Il en est de même des crocodiles qui abondent
dans le lac Moero et dans les rivières de Louapoula et
de Louvoua.

# CHAPITRE IX

# La Rhodesia, Buluwayo et Salisbury, l'Afrique orientale portugaise, Beira

Beira, le 22 octobre 1923.

Me voici de nouveau sur les rives de l'océan Indien que je n'ai pas revues depuis mon départ de Dar-es-Salam. D'Elisabethville, j'ai pu continuer ma route en chemin de fer qui, dans ces contrées au climat mieux tempéré, est parfaitement supportable. Je me trouve sur le réseau sud-africain qui me permettra d'arriver jusqu'au Cap, sans avoir besoin de chercher des porteurs nègres.

La ville-frontière entre le Katanga et la Rhodesia est celle de Sakania. C'est une petite localité où, seul, le passage des trains apporte un peu d'animation. La Rhodesia est un immense territoire de 740 000 kilomètres carrés où n'habitent qu'environ 2 500 blancs et 200 000 nègres. C'est, en général, un pays agricole. Les Européens y viennent principalement pour acquérir de gros complexes de terres, qui leur rapportent d'énormes bénéfices. On cultive principalement le café et le maïs. Le climat est tempéré, par suite de la haute altitude, mais toute la contrée appartient à la zone tropicale.

Broken Hill est le centre le plus important de la Rhodesia, au point de vue des industries et des communications. Dans ses environs se trouvent des mines très importantes de cuivre, de zinc et de houille.

J'eus l'occasion de voir, au cours de ce voyage, les cataractes de Victoria, sur le Zambèze. Elles peuvent parfaitement supporter la comparaison avec celles du Niagara, et de nombreux touristes viennent dans cette partie du monde, depuis que le chemin de fer en permet l'approche, à seule fin de les voir. Le fleuve, à cet endroit, a une largeur de 900 mètres et l'eau se jette dans le précipice d'une hauteur de 80 mètres. La ligne de chemin de fer passe juste devant la cataracte et le pont qui s'appuie sur les immenses rochers des rives semble suspendu en l'air. C'est, actuellement, le pont le plus élevé du monde.

La Rhodesia méridionale, où nous nous trouvons après le passage du Zambèze, est un territoire d'environ 200 000 kilomètres carrés, qui, quoique moins populeux, au point de vue des indigènes, que la Rhodesia septentrionale, ne compte pas moins de 40 000 Européens, le nombre total d'habitants étant de 800 000.

Buluwayo est le siège du gouverneur de la colonie. C'est une ville moderne, de bel aspect et très propre, possédant de nombreux bâtiments publics qui embellissent les places principales, dont la plus imposante est celle du Market Square, qui constitue le centre de la ville. A l'un des principaux carrefours, se trouve une très belle statue de Cecil Rhodes. Le jardin zoologique est célèbre par ses collections, qui représentent toute la flore et toute la faune de l'Afrique du Sud. On remarque, à Buluwayo, le grand nombre d'églises. Il n'est guère de religion ou de secte qui n'y ait son temple. Dans les environs de la ville se trouvent d'importantes mines d'or.

Continuant mon voyage, je traversai les villes de Bembezy, Incizia, Changani, Guelo, Gatouma, Hartley, Gadzema, qui sont toutes des centres de ravitaillement pour les villes voisines. Partout, jusqu'à Salisbury, et malgré l'industrie minière très développée, on rencontre de très grandes fermes avec d'immenses complexes de terres cultivées.

Salisbury est la capitale et le siège du gouvernement de la Rhodesia méridionale. Parmi les habitants, il y a environ 4 000 Européens. Tous les édifices publics sont groupés dans un quartier. On ne voit pas autant d'églises qu'à Buluwayo, mais il y a deux théâtres.

Le climat est excellent. Il fait assez chaud le jour,

mais les nuits sont fraîches. La saison des pluies est de novembre à mars, mais elle est interrompue par de très belles journées printanières.

De Salisbury, je me rendis à Beira. C'est la capitale de la Mozambique, possession portugaise. Elle est sise à l'embouchure de deux fleuves, le Pungwa et le Bouzan. Beira est le port principal qui dessert la Rhodesia et c'est pourquoi elle s'est développée très rapidement. Le port a été ouvert en 1894 et, dès cette année, le tonnage atteignait 174 111 tonnes. En 1914, il était de 1 621 844 tonnes. Progrès qui peut donner une idée exacte du développement de la Rhodesia.

Les voyageurs qui viennent à Beira ne manquent pas de faire une excursion en amont de la rivière Bouzan pour voir les grandes plantations de canne à sucre, de caoutchouc, de cocotiers et de maïs. Des bateaux à vapeur assurent ce service de tourisme deux fois par semaine.

Lourenço Marquez, le 25 novembre 1923.

Par le vapeur *Durham Castle*, je me suis rendu de Beira à Lourenço Marquez. Un Anglais a dit de cette ville : « Ce que la Côte d'Azur est pour la France, Lourenço Marquez l'est pour l'Afrique du Sud. »

En effet, le climat y attire un très grand nombre de touristes de toute l'Afrique du Sud et c'est pourquoi la ville a un aspect de station balnéaire. Les hôtels sont très luxueux, les rues très bien entretenues, les parcs vastes et agréables. D'après le recensement de 1912, la ville a, au total, 13 350 habitants, dont 5 324 blancs.

Le séjour à Lourenço Marquez est assez cher, ce qui est naturel, étant donné la richesse du pays environnant et celle des touristes qui y viennent. Le port se trouve dans la baie de Delagoa. Un phare de 50 kilomètres de rayonnement est posté à son entrée. La baie fut découverte, en 1502, par le capitaine d'un des bateaux de Vasco de Gama, Antonio de Campos, au retour d'un voyage aux Indes. Ce nom même lui a été donné parce que les navigateurs, partis du port de Goa et surpris par une grande tempête, se réfugièrent dans cette baie. Plus tard, un explorateur portugais, du nom de Lourenço Marquez, venu pour en explorer les rives, y fonda une ville à laquelle il donna son nom.

Quoique les touristes soient très nombreux, la ville ne leur doit qu'une partie de sa richesse. Ce sont les terrains diamantifères qui l'environnent qui fournissent ses revenus principaux.

Avant de quitter Lourenço-Marquez, je me rendis au consulat anglais pour effectuer les formalités de visa du passeport. Je fus très étonné lorsque en dehors de la taxe usuelle on me demanda de déposer encore 41 livres sterling, en m'expliquant que cette somme me serait rendue à la sortie du territoire de l'Afrique du Sud. Je dus m'exécuter, cette mesure étant générale, quoique, en réalité, elle ne visât que les immigrants venant chercher du travail et que le gouvernement ne désire pas prendre à sa charge en cas de maladie ou de chômage.

Des trains luxueux assurent le service entre Lourenço Marquez et Johannesburg. Malgré le passage des frontières, ces trains sont directs.

Johannesburg est, après Le Caire, la plus grande ville sur le continent africain et elle se développe constamment à pas de géant. Elle compte, actuellement, 3oo ooo habitants, quoique, il y a trente-cinq ans, elle ne fût qu'un petit village.

J'ai eu l'occasion de lire une description de Johannesburg datant de 1890. C'était une époque où, en Europe, aucune ville n'avait encore l'éclairage électrique :

« Johannesburg est une ville curieuse ; il y a cinq ans, à l'endroit où elle se trouve, on ne pouvait voir que quelques tentes de chercheurs d'or ; actuellement, c'est une ville de 3o ooo habitants, dont 12 ooo à 15 ooo sont des Européens, des Anglais et des Boërs. C'est la plus grande ville après Prétoria, la capitale.

« La ville a des rues larges, des tramways desservent tous les quartiers, et l'éclairage est électrique.

« Il en est, du reste, de même de toutes les villes

sud-africaines qui possèdent aussi le téléphone et de l'eau en abondance.

« Johannesburg possède aussi un théâtre où l'on donne des représentations en anglais. Ce théâtre est tout provisoire. On ne saurait dire que les voyageurs courent ici un danger quelconque à cause des ballerines, car il n'y a pas d'opéra, mais cela ne tardera pas. Actuellement, on débarque chaque jour des dizaines de belles filles pour les bars. Ce sont ordinairement des Anglaises et elles sont les seules représentantes de la beauté européenne, naturellement en exceptant les femmes boërs. Les propriétaires des bars emploient ces immigrantes comme caissières à leurs comptoirs et il n'est rien d'étonnant qu'elles réussissent, avec leurs beaux yeux, à faire payer 1 livre la moindre consommation au client. Les hommes, toujours niais, payent, comme si leurs sourires s'adressaient à eux et non à leurs portefeuilles. »

Il n'est pas du tout étonnant que, même à cette époque, on ait pu payer une consommation 25 francs or, car à Johannesburg tout est plus cher que le métal précieux. Les mines d'or se trouvent aux environs, les ouvriers gagnent des sommes formidables et tout le monde dépense sans compter. Le même auteur dit à ce sujet :

« Ici, tout le monde gagnant de l'or à satiété, ce métal est déprécié et n'a presque plus de valeur. J'ai très souvent eu l'occasion de voir que 1 livre sterling a moins de valeur ici que 1 shilling en Angleterre et on ne parle même pas de sommes inférieures à 1 livre. Si deux hommes font un pari, le moindre enjeu est 1 livre ; si l'on achète quelque bricole, le moindre prix est encore 1 livre. S'il est question de capitaux, alors on n'entend plus compter que par centaines et par milliers de livres.

« Les hôteliers, naturellement, font tout ce qu'ils peuvent pour transformer leur petite industrie en une mine d'or. Voici quelques prix que j'ai marqués dans mon livre de notes : un cigare, 1 shilling ; pourboire à l'hôtel, 3 shillings ; un verre d'une boisson certainement chimiquement composée, mais qu'on appelle du bordeaux, 6 shillings. Et tout est à l'avenant. Avec de tels prix, il est impossible de passer sa journée à moins de 150 francs or. »

Si l'on tient compte que cela se passait en 1890, alors qu'on pouvait avec 150 francs vivre modestement un mois dans n'importe quelle capitale européenne, on peut s'imaginer à quel point l'or était déprécié au Transvaal. A ce moment, celui-ci formait un Etat indépendant, mais sa position était telle qu'on pouvait déjà prévoir la débâcle qui devait survenir une dizaine d'années plus tard. Voici ce que l'auteur en question dit à ce sujet :

« La république du Transvaal a un grand désavantage : c'est sa situation à l'intérieur du continent, sans issue sur la mer, sans ports à soi. C'est la seule entrave à son développement libre, mais elle est si sérieuse qu'en peu de temps elle amènera la perte de l'indépendance des Boërs. Jusqu'ici, malgré que les signes de la tempête soient perceptibles, les Boërs ne cherchent pas un refuge. Lorsqu'ils s'y seront décidés, il sera peut-être trop tard. »

On ne pouvait mieux apprécier la situation des Boërs à cette époque. On sait quel sort fut celui de la république des Boërs et avec quel courage ils défendirent leur liberté.

Ils offrirent une résistance qui émerveilla le monde, mais il était trop tard, il aurait fallu songer à la défense beaucoup plus tôt.

Les Boërs sont un peuple très original et de caractère contradictoire. On pourrait dire qu'ils sont également loyaux, obéissants et indépendants, fiers et indifférents, laborieux et paresseux.

L'érection des Etats boërs dans l'Orange et le Transvaal est en liaison étroite avec une révolte des colons du Cap contre le gouvernement hollandais. En réalité, le Cap ne se trouvait pas, à ce moment, sous l'autorité directe des Hollandais, mais seulement sous le contrôle du gouvernement hollandais, l'administration étant aux mains de la Compagnie hollandaise des Indes qui avait sous son autorité les possessions principales d'Afrique et d'Asie, dont la Hollande détient encore les îles de la Sonde.

En 1795, par suite des plaintes contre la tyrannie de la Compagnie et le désordre de son administration, l'Angleterre s'immisça dans l'affaire et occupa le Cap pour la première fois, sans apporter, du reste, de grands changements dans l'administration. En 1803, elle plaça cette colonie sous l'autorité de la république de Batavia, ayant trop de soucis chez elle pour pouvoir s'occuper de la défense du Cap. Mais, en 1807, elle reprit de nouveau la colonie hollandaise qu'elle retint définitivement.

Les Hollandais ont, de tout temps, formé la majorité de la population blanche. Les Boërs de nos jours sont les descendants des colons hollandais croisés en grande partie avec les Anglais et avec les Français. Ces derniers s'y établirent après la révocation de l'édit de Nantes qui fit quitter la France à un très grand nombre de protestants qui trouvèrent au Cap une seconde patrie. C'est de là que proviennent tant de noms français parmi les Boërs actuels et tant de qualités françaises dans leur tempérament.

Le mot « boër » est d'origine hollandaise et signifie « paysan ». Les premiers colons du Cap se donnèrent ce nom, parce que, généralement, ils s'adonnaient à l'agriculture.

Tant que les Anglais se contentèrent d'administrer

le Cap avec modération, en n'introduisant que des réformes raisonnables, les Boërs ne se soucièrent que de leurs terres et de leur bétail. Mais, lorsque l'administration anglaise commença à brusquer les choses, la concorde disparut et l'époque des plaintes et des conflits commença.

Après les plaintes qui restèrent vaines, les Boërs passèrent aux protestations et même aux révoltes. Eux, qui avaient reconnu l'autorité anglaise, qui envoyaient leurs fils dans l'armée et répondaient scrupuleusement à leurs devoirs fiscaux, refusèrent tout à coup de donner quoi que ce soit après certaines mesures que l'administration anglaise avait introduites et qu'ils déclaraient inacceptables. L'une de ces mesures était l'abolition de l'esclavage qui touchait directement les fermiers boërs qui employaient de nombreux esclaves sur leurs terres.

Le gouvernement anglais avait, il est vrai, accepté de payer une certaine indemnité aux fermiers, mais celle-ci avait été jugée insuffisante, et dans tous les cas, ne pouvait assurer une main-d'œuvre aussi peu chère que ne l'étaient les esclaves.

Ce conflit amena un mouvement de mécontentement et de révolte parmi les Boërs. Ce sont les grands fermiers qui s'en firent les chefs, exigeant que le gouvernement anglais rapportât sa décision. Mais, celui-ci refusant d'y changer même une virgule, les fermiers résolurent de chercher une autre patrie. Plus de dix mille fermiers avec leurs familles passèrent la rivière Orange, qui formait la frontière nord des possessions anglaises. Ils fondèrent alors l'Etat libre d'Orange. Ce fut le commencement du mouvement d'émigration des Boërs du Cap vers le Nord, qui amena de même la fondation du Transvaal.

Ils prirent Bloemfontein comme capitale de l'Etat d'Orange. Excellents agriculteurs, les Boërs surent exploiter les richesses des terres qu'ils avaient occupées. Une dizaine d'années après leur arrivée, l'Etat libre d'Orange se trouvait déjà en plein développement et en pleine prospérité.

Il ne faudrait pas croire, cependant, que l'occupation de l'Orange allât sans encombre d'aucune sorte. Ce n'était pas là des terres inhabitées, dont il n'y eût qu'à prendre possession. Elles étaient déjà peuplées par les nègres des tribus des Cafres et des Buschmen, organisés en petits Etats, avec lesquels les Boërs eurent à soutenir d'assez durs combats.

Ce ne fut pas une guerre véritable entre deux armées organisées, mais plutôt une guérilla, les Boërs se trouvant contraints d'employer le droit du plus fort envers les nègres. En bien des cas, ils durent procéder à de véritables massacres de nègres. Pendant longtemps, ceux-ci furent considérés comme des espèces de fauves ou des brigands mis à prix.

Famille nègre de la tribu des Souahils en Rodhésie.

Groupe d'ouvriers nègres de la tribu des Chillouks au repos.

CAIRE AU CAP.

Les nègres, de leur côté, ne manquaient pas, dès que l'occasion s'en offrait, de lancer leurs flèches empoisonnées sur les Boërs, flèches dont les blessures étaient presque toujours mortelles. Cette lutte ne se termina pas aisément, quoique les Boërs disposassent d'armes à feu. L'ordre ne fut définitivement établi que lorsque les derniers Cafres et Buschmen, voyant qu'aucune chance ne leur restait de vaincre, quittèrent l'Orange.

En 1848, profitant de ce que les Boërs n'avaient encore pas eu le temps de s'organiser militairement, l'Angleterre les attaqua et conquit l'Orange très facilement. Quoique les Boërs eussent offert une résistance désespérée, ils durent s'avouer vaincus après leur défaite près de Boomplats.

Cependant, dès 1850, l'Angleterre dut leur rendre leur liberté. Les colons du Cap, mécontents de l'administration anglaise, s'étaient soulevés dans le but d'obtenir leur indépendance. Ne pouvant faire face à deux ennemis à la fois, l'Angleterre restitua l'Orange aux Boërs et rassembla toutes ses forces dans le Cap.

L'émigration des Boërs de l'Orange dans le Transvaal eut pour point de départ un des événements semblables à ceux qui motivèrent leur émigration du Cap dans l'Orange. Ce fut lorsque la population de l'Orange devint très dense et que la richesse des terres y amena de nombreux autres immigrés de Hollande.

Le nom même de Transvaal indique qu'il s'agit de terres situées de l'autre côté de la rivière Vaal. Les conquérants de ces vastes territoires eurent à soutenir eux-mêmes une longue lutte avec les indigènes nègres, mais l'affaire se termina plus facilement, la résistance de ces derniers étant beaucoup plus molle.

Les immigrés ne tardèrent pas à découvrir que tant l'Orange que le Transvaal étaient très riches en minerais. J'ai déjà dit que Johannesburg était une ville nouvelle dont le développement s'est fait à pas de géant. La raison n'en est pas dans sa position géographique favorable ni dans les moyens de communication excellents dont elle est pourvue. C'est d'abord la ville qui s'est développée et ce n'est qu'ensuite, à cause de cela, que les chemins de fer ont été construits. Elle doit sa prospérité uniquement aux mines qui entourent la ville.

Les environs de Johannesburg sont aurifères. C'est cet or, que les Boërs surent exploiter dès leur arrivée, qui fit la richesse de leur république. Ils suscitèrent même la jalousie de la république d'Orange qui, à un certain moment, fut bien près d'annexer le Transvaal, dont les mines d'or et le progrès rapide l'attiraient irrésistiblement.

Les mines d'or consistent en une suite de galeries dont les ouvriers extraient le minerai sous forme de blocs de pierre, qui contiennent de l'or. Ces blocs sont excessivement durs, la pierre étant de l'espèce du quartz et contenant aussi du fer et de l'argent.

L'air, dans les galeries, est froid et humide et devient de plus en plus insalubre à mesure qu'on descend. A 48 mètres de profondeur, l'air n'est qu'humide, mais à 87 mètres, on se trouve sous une pluie battante et continuelle, tandis que les pieds sont dans l'eau. A 122 mètres, l'eau arrive jusqu'à la ceinture et la pluie est toujours abondante.

Il est naturel que les ouvriers qui travaillent dans de telles conditions soient très bien rémunérés, principalement ceux qui travaillent dans les profondeurs. Ils souffrent tous de différentes maladies de poitrine.

Ces ouvriers sont généralement des nègres et les propriétaires des mines sont peu scrupuleux envers eux. Il est vrai que les conditions de travail se sont sensiblement améliorées au cours des temps, par l'introduction de nombreuses machines. Il y eut une époque où tout, même les pompes, était actionné à bras. Actuellement, l'homme n'exécute plus que les travaux qu'aucune machine ne saurait parfaire.

Toutes ces richesses ont fait que Johannesburg ne ressemble plus du tout aux descriptions que nous avons lues plus haut de son aspect en 1880. C'est maintenant une très grande ville aux habitations modernes. Elle possède quatre théâtres et de nombreuses salles de divertissement, de cinéma, etc.

La capitale du Transvaal, Pretoria, est une localité plus petite, et, tout naturellement, une ville de fonctionnaires. Tous les édifices de l'administration sont construits sur une colline, à 1 kilomètre du centre de la ville. Cependant, le parlement est au Cap.

La centralisation de l'administration à Pretoria ne fut effectuée qu'après l'occupation du Transvaal par les Anglais et la formation de l'Union sud-africaine. C'est alors que le célèbre architecte anglais Herbert Boxer proposa au gouvernement anglais de centraliser toutes les directions administratives de l'Union à l'endroit le mieux situé et le plus favorable par son climat et sa position géographique. On choisit Prétoria. Cette proposition fut, non seulement acceptée, mais largement soutenue, et ce fut en 1913 que le duc de Connaught posa la première pierre de ce complexe de bâtiments superbes. Si l'on tient compte de la guerre, il est évident que les travaux furent exécutés très rapidement.

Les édifices, pour juger de leur étendue, ne contiennent pas seulement les locaux nécessaires aux bureaux, mais aussi des appartements pour mille cinq cents familles de fonctionnaires. On peut se faire une idée de la félicité de ces gens, vivant dans un pays aussi opulent, en se souvenant des paroles de lord Selborn, qui a dit, au sujet de Pretoria, que c'était la ville la mieux située et jouissant du meilleur climat, non seulement en Afrique du Sud, mais dans le monde entier.

Le nom de la ville de Pretoria vient de celui de Basile Pretorius, le premier président de l'Union des républiques sud-africaines. Jusqu'en 1860, la capitale de la république fut à Potchefstroom, mais, à cette époque, sur les instances du président Pretorius, elle fut transférée à Pretoria. A cette époque, à l'emplacement de Pretoria, on ne voyait qu'une ferme et ce n'est qu'après l'arrivée du gouvernement que la ville commença à se développer.

La vie dans la capitale du Transvaal est très intéressante, ce qui est, du reste, assez naturel, le pays étant riche et offrant à tous les hommes laborieux la possibilité de vivre dans l'aisance. En outre, tous les travaux lourds sont effectués par les nègres, à vil prix.

Les femmes ont une situation privilégiée dans l'Union sud-africaine. Dans ce pays d'immigrés, il est tout naturel que le nombre des femmes soit sensiblement inférieur à celui des hommes. La proportion est de 86 femmes pour 100 hommes, ce qui a pour résultat qu'il est très difficile, pour un grand nombre d'hommes, de trouver des femmes. C'est pourquoi celles-ci ne sont, nulle part au monde, aussi adulées et appréciées qu'ici.

Dans les maisons, le personnel domestique est généralement formé par les noirs. Il n'y a pas de servantes blanches, celles-ci trouvant facilement à se marier et devenant ainsi maîtresses de maison. Les hommes sont très affairés et très laborieux, quelles que soient leur situation et leur richesse. Il arrive souvent que des voyageurs rencontrent ici certains de leurs compatriotes connus particulièrement au pays par leur paresse, et qu'ils s'étonnent de les voir devenus ici énergiques et laborieux. Les Boërs, qui, par leur nature, sont passifs, les Anglais qui ont toujours des tendances aristocratiques, se fondent ici en un type auquel on donne le nom d'*Africander* et qui représente à peu près, au point de vue des affaires, ce qu'en Europe nous appelons l'*Américain*. C'est l'homme entreprenant qui ne tâtonne pas une fois qu'il a pris une décision.

Les Boërs ont une grande noblesse de caractère. Je me souviens qu'un jour, me promenant avec un ami boër, nous vîmes, dans la cour d'une école, des enfants jouant avec de nombreux jouets, tous très bien vêtus, très soignés. A ma question, le Boër me répondit que c'était une école pour les enfants des Anglais morts à la guerre. Nous arrivâmes peu après devant une autre école où les enfants étaient vêtus beaucoup plus modestement : c'étaient les enfants des Boërs morts à la guerre. Je m'étonnais de cette différence qui avantageait plutôt les enfants anglais, d'autant plus que l'administration était aux mains des

Boërs ; mais mon ami me répondit laconiquement : « Il faut que cela soit ainsi, ils sont chez nous. » En effet, le Boër étant très hospitalier considère qu'il est tenu de faire plus pour son hôte que pour soi-même.

Cependant, lorsqu'il est question du Transvaal, il ne faut jamais perdre de vue que les Boërs et les Anglais ne sont que des immigrés et que ce sont les nègres qui forment la population autochtone. Il est très naturel, étant arriérés par leur nature même, qu'au cours des temps bien des choses se soient aplanies et que les nègres soient devenus des citoyens comme les autres, mais malgré tout, ils sont restés les derniers, ils forment la couche la plus basse de la société. Ils fournissent principalement les domestiques et la main-d'œuvre grossière.

Du reste, les nègres n'ont plus rien de leur nature sauvage de jadis. Les Zoulous et les Cafres sont des gens très obéissants et serviles. Un ami m'a cité l'exemple suivant :

Il y a quelques jours, dans une infirmerie située vis-à-vis de sa maison, un Cafre avait apporté un sac avec cinq minutes de retard sur l'heure ordinaire, car c'était une besogne qui lui incombait tous les jours. Un petit garçon d'une douzaine d'années, blanc, qui recevait régulièrement le sac, sortit sa montre et constata le retard. Il fit alors porter le sac plusieurs fois dans la cour de l'établissement et le reporter à sa place, puis enfin, il laissa repartir le Cafre qui avait docilement accepté cette punition, quoiqu'il fût seul avec le petit garçon.

C'est pourquoi, dès qu'il est question ici de travaux qu'on ne veut pas accepter, il est d'usage de dire : « C'est une affaire de Cafre ! »

En ce qui concerne les blancs, quoique très énergiques, on ne saurait dire qu'ils travaillent beaucoup. La semaine anglaise commence, ici, le samedi matin et se termine le lundi à midi. En outre, le mercredi est de même jour de repos.

On mange beaucoup et, outre les repas substantiels du matin, de midi et du soir, il y en a plusieurs autres moins copieux. Les divertissements sont nombreux et très fréquentés. C'est ici, peut-être, la seule partie du monde où les cinémas commencent à tourner dès neuf heures du matin et jusqu'à onze heures du soir, toujours devant des salles combles. Une chose curieuse est qu'à la fin de chaque représentation, on montre sur l'écran le portrait du roi d'Angleterre, aux sons de l'hymne anglais que tout le public écoute debout.

L'intérêt pour les sports est ici aussi grand qu'en Angleterre. La moindre localité possède ses terrains de jeu de football, de golf, de tennis, et toutes les villes ont leur hippodrome. Celui de Johannesburg est célèbre, et c'est par dizaines de mille que le public

afflue de tous côtés dans la ville, aux jours de grandes
courses. Le Pari mutuel fait des affaires splendides
ces jours-là.

Les boissons alcooliques sont strictement interdites
dans les cafés. On y consomme principalement du
thé. Dans les hôtels, il est impossible d'obtenir une
chambre sans prendre la pension complète. Les prix
sont très abordables. Chaque hôtel a deux bars : l'un
pour les pensionnaires, l'autre pour les gens de la
ville. Ce n'est que dans les bars que les boissons alcooliques sont autorisées, mais elles sont très chères. Les
dimanches et jours fériés, les bars sont fermés pendant toute la journée. Il est interdit aux nègres de
boire de l'alcool ; cependant, dans l'Etat libre
d'Orange, il existe une catégorie de noirs auxquels ce
droit est accordé.

Johannesburg et Pretoria sont, pour ainsi dire,
deux villes sœurs, l'une complétant l'autre. Les trains,
sur la ligne de chemin de fer qui les relie, se succè-
dent toutes les heures et il y a même des express sup-
plémentaires plusieurs fois par jour. Pretoria, en tant
que capitale de l'Union sud-africaine, est le siège du
représentant du roi, le duc de Connaught. Celui-ci
me reçut en audience très aimablement et me fit accor-
der une carte gratuite de première classe pour tous
les chemins de fer de l'Union.

J'eus l'occasion de faire la connaissance d'un

Anglais natif du Cap et qui connaît le Transvaal pour
ainsi dire depuis sa naissance. Je fus très étonné lorsqu'il me fit le tableau de Pretoria il y a trente ans :
« Tout ce que vous voyez là a été fait depuis cette
époque, me dit-il. Il y a trente ans, on ne pouvait parvenir dans cette contrée que par la diligence. La ville
n'existait même pas. »

Nous fîmes le tour de Pretoria ensemble, mais
j'avoue que je ne trouvai aucun charme dans ces rues
trop régulières, trop semblables, où rien ne rompt
la monotonie du « déjà vu ». Et c'est bien là l'incon-
vénient des villes neuves, bâties par les services admi-
nistratifs, où ni le temps ni l'histoire n'ont apporté
la moindre poésie, où nulle part ne transpire la fan-
taisie ou le goût d'un peuple.

Nous sommes, en ce moment, au mois de décembre,
c'est-à-dire en plein été au Transvaal. La table, à l'hôtel, est fleurie de belles fleurs printanières et on m'explique qu'on en dispose ici pendant toute l'année.
Ce n'est pas dans des serres qu'elles sont cultivées ;
dans l'Union sud-africaine, il y a toujours, par suite
des grandes différences d'altitude, quelque contrée où
fleurit le printemps, alors qu'ailleurs on est déjà en
été ou en automne. C'est ce qui fait aussi qu'on
peut manger tous les fruits pendant toute la belle
saison.

L'élevage du bétail a fait des progrès très rapides.

Lorsque les premiers Boërs arrivèrent en Afrique du
Sud, ils n'y trouvèrent aucune espèce de bétail, toute
la faune étant sauvage, mais ils reconnurent vite que
le pays était particulièrement approprié à l'élevage
des bovins et de la race ovine. Avec le petit nombre
d'animaux qu'ils avaient transportés avec eux, ils
s'adonnèrent à l'élevage et réussirent à créer, grâce,
au climat et aux herbages, des espèces magnifiques.
Actuellement, les pays de l'Afrique du Sud sont de
grands exportateurs de bétail et de viande. Les pro-
cédés frigorifiques ont largement contribué à leur
enrichissement. Pendant la guerre, l'Afrique du Sud
a fourni d'énormes quantités de viande aux pays
alliés.

Il n'y a là rien d'étonnant si l'on tient compte du
nombre de moutons que possède l'Union sud-africaine
et qui est de trente-deux millions. Et c'est la première
surprise, lorsqu'on arrive dans ces pays, de voir les troupeaux paître dans les prés. Partout, au Nord, dans
l'Ouganda, le Tanganyika, le Congo belge et même
le Mozambique, on a été habitué à voir les prés déserts,
on a même oublié l'existence des animaux domestiques que la mouche tsé-tsé a exterminés.

Et c'est ainsi qu'arrivé à Johannesburg, j'eus un
plaisir particulier à prendre un fiacre et à regarder
un cheval trotter devant moi. Et quel plaisir, plus
grand encore, que de se trouver sur un hippodrome

et d'y voir galoper des fringants pur-sang anglais !

Les Anglais sont les maîtres effectifs de ces pays, non seulement parce qu'ils en dirigent l'administration, mais aussi parce qu'ils sont conscients de leur supériorité. Après eux viennent les Boërs, égaux au point de vue des droits civiques, mais se sentant eux-mêmes plus jeunes, moins experts dans la conduite d'un Etat. Ensuite, viennent les nègres, de loin les plus nombreux, mais aussi pleinement conscients de leur infériorité vis-à-vis de la race blanche.

D'après le recensement de 1904, deux années après la guerre anglo-boër, il y avait dans l'Union 1 130 000 blancs et 4 650 000 noirs, donc trois noirs pour un blanc. La disproportion est sensible et cette question préoccupe depuis longtemps les cercles dirigeants, d'autant plus que les nègres grandissent beaucoup plus vite que les blancs et se marient très tôt.

Les noirs de l'Union sud-africaine sont naturellement assez intelligents et très curieux. Ils envoient volontiers leurs enfants à l'école et cherchent à apprendre le plus possible. C'est au point de vue de leur tranquillité un grand avantage pour les blancs, mais si l'on considère la chose du point de vue de la propagande, l'affaire prend une autre tournure. En effet, il ne manque pas d'agitateurs qui s'emploient à provoquer un mouvement de libération et d'indépendance des nègres. Ces agitateurs se recrutent prin-

cipalement parmi les Bassoutos et les adeptes de
l'Eglise orthodoxe d'Ethiopie.

Les espoirs des nègres de l'Afrique du Sud, le centre
de leurs inspirations, de leurs intrigues et de leur activité, est le Bassoutoland. Cette province représente
une véritable curiosité et une énigme. Elle se trouve
très près de la capitale de l'Union, sur la partie la plus
fertile du territoire ; de tous côtés, elle se trouve
entourée par des pays peuplés de blancs, et, cependant, elle forme un Etat nègre indépendant. Dans
tous les cas, c'est un pays très intéressant.

Le Bassoutoland a une étendue d'environ 25 000 kilomètres, ce qui est un peu moins de la superficie de
la Belgique. La configuration de son territoire lui
donne l'aspect d'une forteresse. Tout le long de ses
frontières s'élèvent de hautes montagnes qui, dirait-
on, interdisent l'accès de cet Etat nègre qui se trouve
sur un vaste plateau, à 2 000 mètres d'altitude.

C'est certainement cette dernière circonstance, le
climat étant très modéré, qui fait que les Bassoutos
sont beaucoup mieux développés, au point de vue
intellectuel, que les autres nègres.

Le Bassoutoland compte environ 400 000 habitants
qui sont tous des noirs. Quoique de toutes parts
entouré par des contrées appartenant à l'Union, il n'en
fait pas partie. C'est un Etat placé sous le protectorat
de l'Angleterre, dont le représentant réside à Massera,

la capitale du pays, et porte le titre de commissaire d'Empire. Celui-ci ne dépend en rien du gouvernement de Pretoria.

Mais l'administration du pays ne ressortit pas à ce commissaire. Les nègres gouvernent leur pays en toute souveraineté et c'est, avec l'Abyssinie, le seul pays où les noirs soient les maîtres absolus. Les Bassoutos sont très jaloux de leur indépendance et ne permettent pas aux blancs de s'infiltrer parmi eux. Il y a environ un millier de blancs en Bassoutoland, qui y sont fonctionnaires du commissaire d'Empire ou instructeurs, mais ce sont tous des ressortissants étrangers.

Le système de gouvernement du Bassoutoland est un mélange intéressant de socialisme et de patriarcalisme. La terre est placée sous un régime du genre communiste et ne peut être aliénée. Les fermiers payent une certaine indemnité aux chefs de tribus pour les terres qu'ils cultivent. Il va de soi que ces chefs sont très riches et puissants. Ils sont très respectés et sont de véritables maîtres de leurs subordonnés. Mais, malgré cela, les progrès accomplis par ce peuple nègre sont étonnants, surtout au point de vue de l'instruction publique et du développement intellectuel général. C'est pourquoi le sénateur anglais Byron a pu dire, en février 1911, au Parlement de Londres : « Si, un jour, les malheureux hommes blancs de l'Union tombent en conflit avec les nègres du Bassoutoland, il n'est pas impossible que la Providence soit du côté des bataillons noirs. »

Les Bassoutos sont parfaitement conscients de leur situation favorable et c'est pourquoi, chaque année, leurs chefs envoient de nombreux étudiants aux universités étrangères pour se perfectionner dans différentes branches.

Le sentiment national, à l'encontre de tous les autres nègres du continent africain, est très développé parmi les Bassoutos. Ils ont leur armée qui a déjà son histoire et qui remplit de fierté ses compatriotes. Voici, en quelques mots, comment elle s'est développée :

Les Bassoutos appartiennent à la tribu des Bantous, qui peuple toute l'Afrique du Sud et une partie de l'Afrique centrale. Par suite de l'affluence des blancs, ces noirs durent quitter les territoires qu'ils occupaient et, en 1830, sous la conduite de leur chef Mochecha, ils se transportèrent sur le haut plateau qu'ils occupent actuellement.

Mochecha était un homme très judicieux et intelligent et, par-dessus tout, célèbre pour sa bravoure. Il avait immédiatement remarqué que le haut plateau en question offrait tous les avantages possibles par son climat et sa fertilité. Mais l'occupation n'alla pas de soi. Les Zoulous, qui convoitaient de même ce ter-

ritoire, lui déclarèrent la guerre, et leur roi Tchak
partit à la rencontre de Mochecha avec une armée
nombreuse et bien équipée. Cependant, ils ne réussirent pas à chasser Mochecha du haut plateau. La
guerre se termina par la victoire de ce dernier à Teba
Bossigo, qui éloigna définitivement les Zoulous du
territoire acquis par les Bassoutos.

Pendant de longues années, les Bassoutos purent
vivre en paix, mais en 1852, ils eurent un conflit
avec les Anglais. Mener une guerre avec la
Grande-Bretagne n'était pas du tout chose aisée pour
un peuple noir. Mais Mochecha sut se tirer d'affaire.
Il battit d'abord les forces anglaises sous le commandement de sir George Uetuart, et immédiatement après entama des pourparlers de paix. L'habileté
avec laquelle ce nègre conduisit les négociations et
conclut la paix avec ses ennemis étonna les Anglais.
Il réussit à conserver l'indépendance de son peuple.

Il eut aussi un conflit avec les Boërs qui dura plus
longtemps et qui commença immédiatement après la
conclusion de la paix avec les Anglais, en 1858. Les
Boërs déclarèrent la guerre aux nègres et réussirent à occuper une partie de leur haut plateau.

La guerre se prolongea jusqu'en 1865. Cette année,
Mochecha battit les troupes du général boër Veppener
qui fut tué lui-même à la bataille de Teba Bossigo.
Les Boërs furent chassés du Bassoutoland, mais cette

Paysage du Haut Congo.

défaite aiguillonna leur énergie ; ils se mirent immédiatement à l'œuvre pour organiser une armée nouvelle, et, trois ans après, très bien équipés, ils renouvelèrent l'attaque.

L'Etat de Mochecha se trouvait en grand danger, les Boërs étant supérieurs en nombre et beaucoup mieux armés. Mais Mochecha se trouva encore à la hauteur de sa tâche. Sans aucun espoir de vaincre les Boërs de nouveau, il employa un autre stratagème qui étonna le monde entier. Il offrit le Bassoutoland en fief à l'Angleterre, de telle façon que le territoire formerait un dominion sous le protectorat du roi d'Angleterre. Cette offre fut acceptée par l'Angleterre et les Boërs durent se retirer. Le chef nègre venait de remporter un très grand succès qui assurait la paix à son Etat.

Il est très naturel que le souvenir de Mochecha soit conservé parmi les Bassoutos comme celui d'un héros et d'un libérateur. Il mourut, du reste, peu après la fin du conflit avec les Boërs.

En 1871, les Anglais, croyant que l'époque de la puissance des Bassoutos était passée, annexèrent leur territoire à la colonie du Cap et y introduisirent l'usage de ses lois. Mais les Bassoutos se préparèrent pour la lutte et se révoltèrent en 1879. Le conflit dura deux ans, pendant lesquels les Anglais, d'une façon générale, remportèrent de nombreux succès, mais ne réussirent pas à étouffer l'insurrection. Le conflit fut enfin liquidé par arbitrage et le Bassouto-land devint de nouveau pays indépendant sous le protectorat du roi d'Angleterre.

Pendant la guerre anglo-boër, les Bassoutos restèrent neutres, mais toujours prêts à défendre leur indépendance par les armes. Ainsi, ils purent traverser cette grande crise sans dommage.

Lorsque, après la Grande Guerre, les hommes d'Etat de l'Afrique du Sud s'occupèrent de former l'Union sud-africaine, les Bassoutos sentirent un nouveau danger les menacer. Ils usèrent de nouveau d'habileté diplomatique et déclarèrent qu'ils désiraient rester sous l'autorité directe du roi d'Angleterre, sans passer par l'intermédiaire du gouvernement de l'Union. Ce geste fit son effet à Londres, et les Bassoutos obtinrent toutes assurances que leurs droits seraient conservés. Tous les plans des hommes d'Etat de l'Union furent ainsi déjoués.

Le prestige des Bassoutos parmi les nègres de toute l'Afrique est énorme. Ils ont battu les Zoulous, les Anglais et les Boërs, donc les trois peuples les plus forts qu'ils connussent, et les Bassoutos sont pour eux l'incarnation de la virilité et du courage. En outre, les Bassoutos incarnent le génie du progrès et de la civilisation, car il n'est pas d'invention qu'ils n'aient mise à profit. L'électricité, le téléphone, les tracteurs agricoles, même la radiophonie furent introduits chez eux et généralisés dès leur apparition.

L'emploi des machines et le développement de l'industrie ont pris des proportions incroyables pour une tribu nègre. Ils s'emploient de toute leur énergie à produire eux-mêmes tout ce qui leur est nécessaire, tandis que toutes les autres tribus dépendent complètement des blancs sous ce rapport.

Tout cela a pour résultat que les yeux de tout le monde noir, à demi lettré et un peu mieux informé que les sauvages, sont fixés sur le Bassoutoland, dont ils attendent la libération de l'Afrique du Sud de la mainmise des blancs. Il est évident que les Bassoutos tendent à ce but et que leur rêve est la formation d'un immense Etat qui unirait d'abord tous les noirs de l'Afrique du Sud, puis les autres.

Quoique les Etats environnants aient édicté des peines draconiennes pour ceux qui importeraient des armes à feu dans le Bassoutoland, peines qui vont jusqu'à 5 000 livres sterling, les Bassoutos ne manquent ni de fusils, ni de canons, ni de mitrailleuses. Ils ont trouvé un excellent moyen d'obvier aux inconvénients de leur situation géographique qui les laisse sans issue sur la mer ; possédant toutes les matières premières, ils ont établi d'excellentes fabriques d'armes qui leur en fournissent à profusion.

Cependant, outre les Bassoutos, qui se sont faits les

champions de la devise : « l'Afrique aux Africains »,
il y a un autre ordre d'agitateurs, tout aussi dangereux pour les blancs, si ce n'est plus : c'est l'organisation de l'Eglise orthodoxe d'Ethiopie. Ce sont des
missionnaires nègres qui propagent leur religion
parmi leurs frères de couleur. Leur but est d'unir
d'abord les nègres dans la religion, puis de les préparer pour les luttes politiques.

Cependant, la question d'une révolte générale des
nègres n'est pas encore à l'ordre du jour. C'est un
cataclysme qui se prépare pour l'avenir.

# CHAPITRE X

# Durban et le Natal, East London, le Cap

Durban.

Me voici à Durban, la capitale du Natal, presque à
la pointe extrême du continent africain. Durban se
trouve au 30° degré de latitude sud, c'est-à-dire
qu'il est aussi éloigné du pôle sud que ne l'est Le Caire
du pôle nord. Malgré cela, malgré leur éloignement
égal de l'équateur, aucune comparaison ne pourrait
être faite entre ces deux villes, au point de vue du climat. Tandis qu'au Caire la chaleur est insupportable,
même pendant les périodes de fraîcheur, par suite du
vent qui souffle du désert, ici, le climat est tempéré,
même pendant l'époque des grandes chaleurs.

De Johannesburg à Durban, j'ai fait 700 kilomètres en chemin de fer. Dans les gares que nous traversâmes, j'eus l'occasion de voir beaucoup de cas
d'albinisme, c'est-à-dire de nègres à peau partielle-
ment ou complètement blanche, qui sont ici très fréquents. Il en est qui sont très curieux et le premier

que je pus observer était celui d'un nègre qui avait
la moitié de la face blanche, ce qui ne manqua pas
de me surprendre grandement. Un autre cas fut celui
d'un enfant qui avait une jambe complètement
blanche, tandis que tout le reste du corps était noir.

Tous ces albinos sont des gens physiquement mal
développés et bien moins endurants que les gens
normaux.

Je ne me suis arrêté que peu de temps dans la ville
principale du Natal, Pietermaritzburg, qui est, en
somme, une petite ville de 17 000 habitants.

Le Natal se trouve à l'est de la colonie du Cap. Tandis que cette dernière connaît, depuis trois siècles,
les ambitions politiques et économiques des hommes
blancs, ceux-ci n'ont commencé à immigrer au Natal
qu'au commencement du siècle dernier. Avant cette
époque, quoique la colonie du Cap eût déjà atteint
un haut degré de développement, personne ne songeait au Natal, et les bateaux accostaient rarement à
ses côtes inhospitalières.

En 1823, le lieutenant Farnel y fit un voyage d'exploration et envoya au Cap des rapports très favorables sur les résultats de son enquête, demandant
l'autorisation d'établir un comptoir au Natal.

Sa demande fut rejetée, mais les descriptions qu'il
avait faites du pays attirèrent certains aventuriers qui
le suivirent. On envoya tout d'abord un émissaire chez

le roi des Zoulous, le célèbre Tchak, pour lui demander la cession d'une certaine étendue de terres.

Tchak était un homme de hautes qualités. Il s'était placé à la tête de la tribu des Zoulous qui était forte et bien organisée. Les Anglais du Cap l'avaient surnommé le « Napoléon de l'Afrique du Sud ». La discipline qu'il avait introduite dans son armée le rendait invincible. Sans aucune déclaration de guerre, Tchak avait tout à coup attaqué le Natal et l'avait conquis.

Jusque-là, les nègres du Natal vivaient en paix dans leur contrée fertile où ils avaient de tout en grande abondance. Ces gens, satisfaits d'eux-mêmes, n'avaient jamais songé à une guerre et Tchak devint leur maître, avant même qu'ils se fussent organisés pour la défense. Ils apprirent alors, mais trop tard, à mieux apprécier la liberté. Le régime cruel que Tchak leur fit subir suscita leur mécontentement au plus haut degré. On compte que dans la seule contrée à l'ouest de Toudjela, plus de un million de nègres furent condamnés à mort. Lorsque vinrent les Anglais, ils ne trouvèrent plus, dans le Natal, que quelques centaines de nègres miséreux et des groupes nomades disséminés dans les montagnes.

Tchak autorisa les Anglais à fonder trois comptoirs, dont l'un fut Durban. Ce fut la fondation de cette ville qui, actuellement, cent ans après, compte 90 000 habitants.

En 1828, Tchak fut tué par son frère Dungaan, qui se proclama chef des Zoulous. Entre temps, les Anglais avaient transformé leurs comptoirs en petites villes qui entretenaient d'excellentes relations avec les nègres subjugués du Natal. Ceux-ci voyaient dans les Anglais des amis et des protecteurs, étant tous deux dans le même camp, adversaires des Zoulous.

Ces nègres s'établirent le plus près possible des Anglais, dont ils attendaient l'appui, et ceux-ci, bien contents de pouvoir les utiliser en cas de besoin, cherchèrent à entretenir les meilleures relations avec eux.

Naturellement, le roi des Zoulous suivait attentivement tous les événements et commençait à regretter que son père eût accordé des privilèges aux Anglais. On pouvait s'attendre à un conflit prochain et c'est pourquoi les Anglais s'employèrent de toutes leurs forces à rassembler le plus de nègres possible autour de leurs colonies. Ils réussirent à gagner toute la confiance des nègres du Natal qui donnèrent, en signe de reconnaissance, le titre de « Grand chef des Cafres du Natal » à Mr. Finn, en 1831.

A ce moment, la situation changea par suite de l'émigration des Boërs du Cap. Le Natal attira leur attention par sa fertilité et ils résolurent de s'en rendre maîtres. Ils réussirent même à conclure un accord avec les Zoulous, qui acceptèrent de leur céder des terres, à condition qu'ils s'emparassent du bétail des nègres et le leur remissent.

Le chef des Boërs, Rétif, exécuta les clauses de cet accord. Il envoya le bétail aux Zoulous avec une délégation d'une centaine d'hommes. De grandes solennités furent organisées à cette occasion, mais, à la fin d'un dîner, les Zoulous attaquèrent les Boërs disséminés parmi eux et les tuèrent tous.

En même temps, de fortes troupes furent envoyées dans la direction de Toudjela avec l'ordre de tuer tout homme blanc qu'elles rencontreraient.

De nombreux Boërs furent surpris par cette attaque et l'on compte qu'il en périt environ six cents. Cependant, des renforts étant arrivés de l'Orange, ils songèrent à prendre l'offensive. Naturellement, cette lutte entre blancs et noirs pour la suprématie dans le Natal intéressait également toutes les possessions anglaises du Sud africain, d'autant plus que Dungaan était un adversaire redoutable et très ambitieux qui ne s'arrêterait pas à mi-chemin une fois qu'il se serait senti plus puissant que les blancs.

Les colons anglais résolurent immédiatement de coopérer avec les Boërs, et comme ils avaient de nombreux nègres dépendant d'eux, ils formèrent une armée d'un millier d'hommes, composée principalement d'indigènes sous la conduite de blancs, et l'envoyèrent vers Toudjela.

Les Zoulous s'attendaient à ce que les blancs fussent unis dans la lutte contre eux et se préparèrent à soutenir l'attaque de tous côtés, mais envoyèrent quand même le gros de leurs forces contre les Boërs, car ceux-ci étaient les plus nombreux.

L'armée des colons anglais s'avança dans la direction de Toudjela, mais fut attirée dans une embuscade si bien préparée qu'elle fut non seulement défaite, mais exterminée. Très peu d'hommes réussirent à se sauver.

L'armée des colons étant détruite, il était évident que leur sort ne dépendait plus que du résultat de l'action des Boërs, car il n'y avait nul doute que, se trouvant sans défense, ils ne fussent attaqués par Dungaan.

Les Boërs avaient organisé leurs forces dans le Natal sous le commandement de Wis et partirent en direction de Toudjela pour faire leur jonction avec l'armée des colons. Ils tombèrent dans une embuscade semblable à celle où fut anéantie la première armée, mais étant plus nombreux que les Zoulous, ne subirent pas un sort aussi terrible. Ils réussirent à battre en retraite en combattant et en subissant de fortes pertes, mais ils repassèrent la frontière.

Pour les Zoulous, le moment était venu d'en finir avec les comptoirs anglais et, certes, les malheureux blancs qui s'y trouvaient eussent été tous exterminés si un navire n'était apparu sur lequel ils trouvèrent refuge.

Naturellement, les Boërs ne pouvaient pas pardonner cet échec aux Zoulous ni admettre leur suprématie, d'autant plus qu'en Afrique l'homme blanc ne peut jamais reconnaître aucune supériorité au nègre. Ce n'est qu'alors qu'ils se décidèrent à lutter jusqu'au bout contre les Zoulous.

En 1838, André Pretorius passa la frontière avec quatre cents hommes bien armés et s'achemina vers la capitale de Dungaan, un village nègre fait de cabanes.

Le 16 décembre, le détachement boër se rencontra avec les Zoulous sur les rives de la rivière Ouenlahtri. L'ennemi disposait d'environ douze mille hommes. Un combat acharné eut lieu dans lequel les Boërs eurent la haute main. Les Zoulous furent défaits, laissant trois mille morts sur le champ de bataille. Ce fut le commencement de la victoire totale et c'est pourquoi ce jour est devenu une fête nationale chez les Boërs.

Cependant l'affaire n'était point terminée et qui sait comment elle eût fini si les Zoulous étaient restés unis. Ils disposaient d'une armée nombreuse et très bien disciplinée et étaient certainement en état de soutenir le combat avec les Boërs.

Mais le hasard vint au secours de ceux-ci. La puissance des Zoulous fut sensiblement affaiblie par la discorde qui surgit parmi les chefs, ce qui est, du reste, naturel après une défaite.

Le frère cadet de Dungaan, du nom de Umpanda, convoitait depuis longtemps la situation de son frère. Jugeant le moment opportun, et s'étant assuré l'appui d'autres chefs de tribus, il souleva les Zoulous contre son frère en demandant du secours aux colons anglais.

Les colons anglais en informèrent Pretorius et se mirent sous son commandement afin que l'action fût plus efficace. Boërs et Anglais partirent en hâte pour soutenir Umpanda qui disposait d'environ quatre mille hommes.

Umpanda et Pretorius se rencontrèrent avec les forces de Dungaan et après un combat acharné les défirent. Dungaan fut tué et Pretorius nomma Umpanda roi des Zoulous. Les blancs retinrent pour eux le territoire entre Black Unevolosi et la rivière Saint-Jean et, pour les services rendus à Umpanda, lui demandèrent trente-six mille bœufs qu'il remit. Ceci se passait en 1840.

Les Boërs, possédant maintenant un territoire avec des frontières fixes, proclamèrent la République hollandaise du Natal. Le gouvernement anglais, cependant, refusa de reconnaître la nouvelle république et envoya même deux cents hommes au Natal pour faire respecter sa volonté. Ce détachement fut reçu amicalement par la population des comptoirs du littoral où le drapeau boër fut de nouveau remplacé par le drapeau anglais.

Les Boërs, par contre, refusèrent de se soumettre aux Anglais. Ils étaient plus nombreux et en meilleure position et, du reste, ils n'avaient qu'à se défendre, tandis que les Anglais, par la force des choses, devaient passer à l'offensive.

Mais les Anglais furent servis par une chance inespérée. Un colon, du nom de Richard King, voyant que les Anglais étaient perdus s'ils n'obtenaient pas des renforts, se résolut à une action de la plus haute valeur. Cet homme courageux, tout seul et n'attendant l'appui de personne, fit plus de 1 000 kilomètres à pied, à travers les contrées les plus sauvages, passa six fleuves sur lesquels il n'y avait pas l'ombre d'un pont, et arriva à Grahamstown pour informer les colons du danger où se trouvait le capitaine Smith au Natal.

Les nouvelles qu'il apporta produisirent une grande sensation parmi les colons du Cap et des renforts furent immédiatement envoyés par mer. Quelques jours après, de nouvelles forces anglaises arrivaient au Natal. Devant des forces supérieures, les Boërs se retirèrent et le drapeau de la république du Natal fut définitivement amené.

Les Boërs, en signant la capitulation, demandèrent neuf jours pour retirer leurs troupes, ce qui leur fut accordé. Le 8 août 1843, le Natal fut proclamé colonie anglaise.

J'ai déjà dit que les Etats du Transvaal et de l'Orange devaient leur existence à l'émigration des Boërs de la colonie du Cap. Il en fut de même du Natal. Les Boërs ne pouvaient pas supporter l'administration anglaise. Cinq ans après la mainmise de l'Angleterre sur ce territoire, les Boërs le quittèrent et émigrèrent de nouveau dans l'Orange. Les Anglais amenèrent à leur place des colons du Cap et devinrent ainsi définitivement maîtres de ces contrées.

Il semble que l'administration anglaise n'ait pas été très dure envers les nègres, au Natal, car leur nombre ne fit qu'augmenter par l'immigration de nombreuses tribus. Les Anglais les recevaient volontiers et amicalement, leur laissant le libre exercice de leurs coutumes et surtout respectant l'autorité des chefs de tribus.

La population du Natal augmenta très rapidement et dès 1856 le Natal fut séparé de la colonie du Cap, obtenant son administration propre. Les Anglais et les nègres y étaient également satisfaits.

Cependant, les relations avec les Zoulous étaient toujours très confuses. La discorde, parmi eux, sévissait plus que jamais. C'était toujours la lutte entre les prétendants au trône.

Le fils aîné d'Umpanda, Ketevaio, s'agitait depuis

longtemps pour succéder le plus tôt possible au trône
et s'était déjà acquis les faveurs de nombreux chefs
de tribus. Mais son frère cadet, de son côté, ne res-.
tait pas inactif et avait réussi à former un parti assez
puissant.

La guerre civile éclata, mais ne dura pas longtemps.
Ketevaio resta vainqueur, ayant défait l'armée de son
frère cadet avec lequel se trouvaient cinq autres fils
d'Umpanda. Ketevaio resta seul maître de la situation.

En 1857, une grande assemblée nationale eut lieu
dans la capitale des Zoulous, qui, après de longues discussions, proclama Ketevaio roi de la tribu.

Cependant, son père, Umpanda, ne fut pas oublié.
Pendant toute la durée des querelles entre ses fils, il
avait été tenu captif. L'assemblée déclara donc que
Ketevaio serait roi en tant qu'il représenterait les bras
et les jambes du souverain, tandis qu'Umpanda représenterait le cerveau jusqu'à sa mort.

C'est, en effet, une décision unique au monde, mais
elle fut respectée et resta en vigueur jusqu'en 1872,
l'année de la mort d'Umpanda. Ketevaio devint
ensuite seul maître des Zoulous, la tribu la plus cou-
rageuse et la plus intelligente parmi les Cafres de
l'Afrique du Sud. Ce fut la première fois qu'un changement de souverain s'effectua sans le massacre des
partisans de l'ancien roi, qui était de tout temps la
règle parmi les Zoulous.

Cependant, Ketevaio ne put pas régner longtemps
en paix, comme il le désirait. Il était évident que les
blancs qui étaient dans son voisinage se préparaient
pour la guerre, principalement les Boërs, qui cher-
chaient à récupérer ailleurs les territoires qu'ils avaient
perdus au Natal.

En 1878, un conflit de frontières éclata entre les
Boërs et les Zoulous. Il devait être solutionné par arbitrage et les Anglais, qui étaient les arbitres, impo-
sèrent aux Zoulous des conditions inacceptables, principalement la clause ordonnant que l'armée zoulou
devait être dissoute et celle modifiant leurs coutumes
du mariage. On demandait, en outre, l'exécution de
ces deux clauses dans les trente jours. Les Anglais
appuyèrent leurs prétentions par un ultimatum très
énergique.

C'est ainsi qu'éclata la guerre dite des Zoulous. Ce
furent les Anglais qui la déclarèrent. Sir Bertie Frev
signifia aux Zoulous que l'Angleterre se trouvait en
état de guerre avec eux depuis le 11 janvier 1879.

Immédiatement après, les forces anglaises, disposées en cinq colonnes, entrèrent dans le Zoulouland.
Onze jours plus tard, dans la bataille d'Isandbown,
les Zoulous détruisirent trois de ces colonnes et le
commandant, lord Tchelmsford, fut contraint d'or-
donner la retraite dans le Natal.

Cependant, les Anglais amenèrent des renforts. Au

M. Raïtchévitch dans une rick-shaw à Durban.

Léopard apprivoisé.

mois d'avril, ils disposaient déjà de 22 600 hommes
dont 15 600 Anglais. Les Zoulous, de leur côté, pouvaient disposer à ce moment d'une trentaine de mille
hommes.

Quoique les forces se soient trouvées égalisées dès le
mois d'avril, la bataille décisive n'eut lieu qu'au mois
d'août.

Dans cette bataille, les Anglais défirent les Zoulous.
Ketevaio fut fait prisonnier et condamné à l'exil.

Cependant, les Anglais ne retinrent pas tout le territoire des Zoulous. Ils n'en annexèrent qu'une partie,
laissant les indigènes maîtres dans l'autre.

C'est ainsi que se formèrent les pays qui à présent
étonnent le monde par leur organisation, leur sécurité
et leur prospérité.

Là, à Durban, j'étais parvenu au terme de mon
voyage à travers l'Afrique. Je pris quelques jours de
bon repos à cette pointe extrême du continent noir,
puis je commençai à faire mes préparatifs pour le
voyage de retour.

CARTE DE L'AFRIQUE

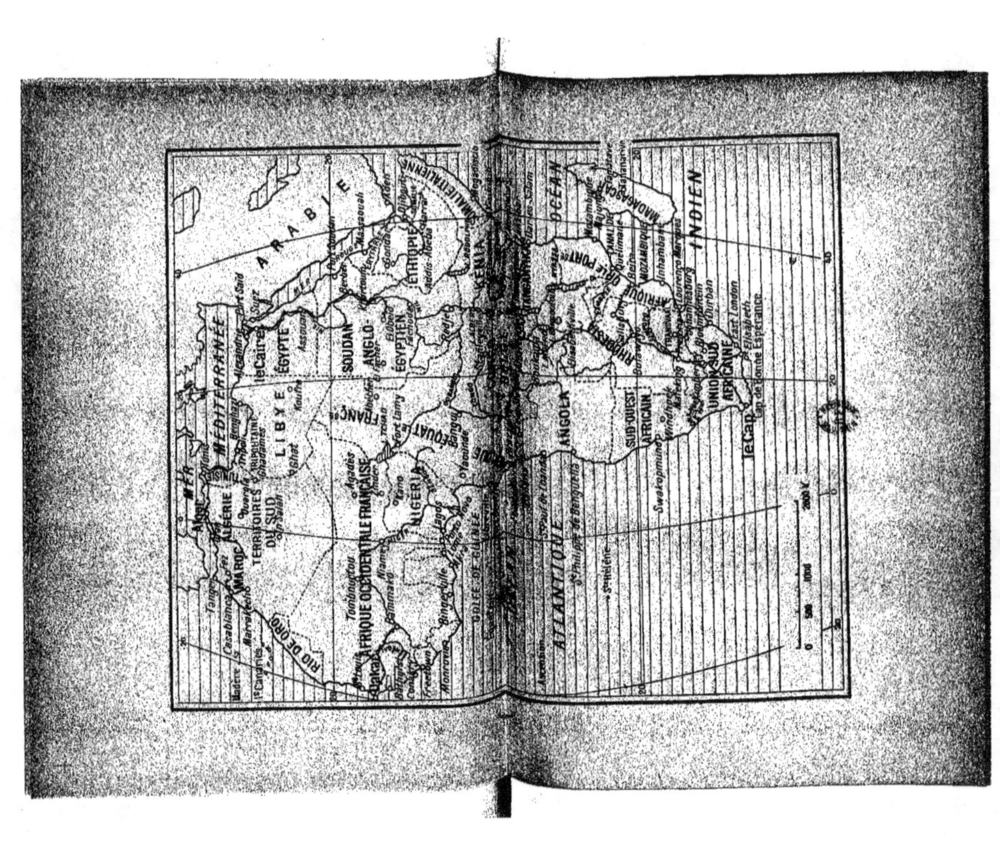

MÉDITERRANÉE
ARABIE
MAROC
ALGÉRIE
TERRITOIRES DU SUD
LIBYE
ÉGYPTE
leCaire
SOUDAN ANGLO-ÉGYPTIEN
ÉTHIOPIE
AFRIQUE OCCIDENTALE FRANÇAISE
RIO DE ORO
Tombouctou
Dakar
Monrovia
NIGERIA
GOLFE DE GUINÉE
FRANC.
ÉQUAT.
Yaoundé
ANGOLA
ATLANTIQUE
OCÉAN INDIEN
AFRIQUE ORIENTALE PORT.
MADAGASCAR
SUD-OUEST AFRICAIN
UNION SUD AFRICAINE
leCap
Cap de Bonne Espérance
Durban
Port London
0 500 1000 1500 2000 K

# Table des matières




Imprimerie J. Dumoulin, à Paris. — 1485.9.29.